KB272259

셋.
바깥을 향한
열망

: 우정 예찬

TROIS

Copyright © 2023, Geoffroy de Lagasnerie

All rights reserved

이 책의 한국어판 저작권은 와일리를 통한 Geoffroy de Lagasnerie와의 독점계약으로 한국어 판권을 ㈜글항아리에서 소유합니다. 저작권법에 의하여 한국 내에서 보호를 받는 저작물이므로 무단 전재와 복제를 금합니다.

셋.
바깥을 향한 열망

: 우정 예찬

조프루아 드 라갸느리 지음
유재홍 옮김

글항아리

일러두기

· 원서에서 이탤릭체로 강조한 것은 고딕체로 표기했다.

차례

아마도 우리는 끝내, 자신이 어떤 존재가 될지, 어떤 삶을 살게 될지를 온전히 선택하지 못할 터다. 우리의 전기는 대개 시간과 공간의 질서 속에 미리 마련된 자리들을 차례로 점유해가는 과정으로 요약된다. 여러 틀이 우리에게 부과되고, 여러 역할이 우리의 몸과 정신을 사로잡으며 우리에게 깊은 흔적을 남기고, 앞으로 우리가 누구와 함께 삶을 살아가게 될지를 결정하는 만남들이 우리 운명을 빚어낸다. 인간의 삶은 대체로 단조로운 궤적을 따른다. 그것은 통과의례를 포함한 제도적 의례가 경계 지어놓은 리듬과 주기에 종속되며, 학업과 청춘, 부부로서의 삶과 부모 됨, 직업 활동과 은퇴, 노년에 이르기까지, 국면마다 특정한 생활 양식과 존재 방식이 거의 필연처럼 따라붙는다. 옷차림과 거주 형태, 정동affect, 일과와 습관들 또한 예외가 아니다. 그리고 우리 대부분은 이렇게 부여된 사회적 지위를 뒤따라가며 그에 걸맞은 정체성을 놀라우리만큼 손쉽게 수용한다. 마치 처음부터 정해져 있었거나 피할 수 없는 필연인 듯, 우리는 세계와 맺는 관계를 재정렬하고 말투를 바꾸며, 옷차림과 몸가짐마저 어느 순간 단숨에 바꾸어버린다. 피에르 부르디외는, 개별 삶을 규정하는 사회적 결정 요인을 재구성하는 사회학자의 입장에서 볼 때, 누구나 자기만의 전기를 살아간다는 관념은 근본적으로 하나의 환상에 불과하다고까지 주장했다. 내가 '나'라고 부르는 나란, 삶의 주기 속 서로 다른 순간마다 사회적 세계*의 여러 공간에 흩어져 있는 위치들이 일정한 결로 엮이며 생겨난 산물일 뿐이다. 내가 나의 것이라 여기는 행위들 또한 대개 그 사회적 공간들과 삶의 주기 속에서 특정 시점에 내가 점유한 위치가 낳은 효과에 지나지 않는다. 그리고 나의 생물학적 소멸 이후에도, 또 다른 이들이 차례로 등장해 나와 비슷한 행위를 되풀이하고 비슷한 정동을 경험할 것이다. 그들 역시 그것을, 나와 마찬가지로 똑같이 환상적인 방식으로, '자기 고유의 정체성'에 귀속된 것으로 믿을 것이다.

삶의 정치

스무 살 무렵에는 결코 그런 삶을 살지 않겠다고 다짐

---

* 에밀 뒤르켐에 의하면 '사회적 세계le monde social'는 인간이 만들었지만 개인을 초월하는 힘을 가진 세계, 우리가 사는 방식·생각·도덕·행위를 이미 조직하는 세계, 개인이 선택하기 전에 이미 존재하는 질서를 의미한다. 다시 말해, 개인 간의 관계를 가능케 하고 규정하는 모든 구조와 규범, 제도, 기대, 역할의 총체다.—옮긴이

하던 이들이 서른에 이르러 마침내 그 삶을 선택한다. 혼인하고 자녀를 맞이하며, 단독 주택에 정착한다. 우리는 대개 너무 늦은 뒤에야 비로소 깨닫는다. 달리 선택할 수 있는 갈림길에 섰었다는 사실을, 붙잡을 수 있던 기회들이 분명 존재했다는 것을, 그리고 처음부터 사유의 지평에조차 오르지 못한 채 사라져버린 열망들이 있었다는 것을. 더 나아가, 적어도 그 열망들을 상상할 권리만큼은 우리에게 주어졌어야 했다는 사실을. 그리하여 우리는 삶과 경험을 되돌아보며, '왜였을까' '그랬더라면 어땠을까' '만약에……' 하고 조용히 되뇌게 된다.

그러나 인간의 삶이 언제나 피할 수 없는 필연들에 복속되어 있다는 이러한 체념이, 우리를 무력감으로 이끄는 결론에 이르러서는 안 된다. 그 필연은 흔히 나이와 출산과 같은 자연적·생물학적 욕망들 혹은 우리가 개입할 수 없는 사회적 힘들에 의해 규정된 것으로 이해되지만, 그럼에도 우리는 삶의 양식들을 의식적 성찰의 대상으로 삼을 수 있다는 가능성, 그리고 따라서 그러한 성찰의 필연성을 긍정해야 한다. 물론 인간은 자신의 삶 전체를 선택하지는 못한다. 하지만 각자는 매 순간 특정한 방향을 선택함으로써 어떤 관계의 형식을 가능하게 만들고, 동시에 다른 관계의 가능성을 차단하기도 한다. 나는 내 에너지를 어디에 쏟고 있는가? 나는 어떤 방식으로 나의 주체성과 상상력을 구축하는가? 지배적인 열망들 앞에서 나는 어떤 방향으로 가야 할까? 모든 전기는 바로 이러한 선택의 순간들로 표지된다. 우리는 그 순간들 속에서 어떤 관계를 강화하고 어떤 관계를 약화할 것인지, 어느 친구를 위해 시간을 내어줄 것인지 혹은 누구를 뒤로 미룰 것인지, 자녀를 가질 것인지, 누구와 함께 살 것인지, 어떤 노동을 수락할 것인지, 또 어디로 이동할 것인지를 차례로 결정해나간다.

그러나 무엇보다도, 개인들이 삶 속에서 마주하는 다양한 방향 설정의 가능성은, 때로는 그것을 분명히 의식하지 못한 채, 때로는 여러 선택지 사이에서 갈등하는 가운데 경험되지만, 그것이 형성되고 규정되는 문화적·사회적 구성의 결과로서 또한 개념화되어야 한다. 어떤 배치와 열망, 정동은 정세와 공적 공간 안을 떠도는 이미지들에 따라 더 강하게 지지되거나 더 쉽게 가능해지기도 한다. 정치적 투쟁과 문화적 이미지들은 시기마다 상이한 주체화의 욕망을 산출하고, 특정 집단이나 사회적 환경 안에 고유한 분위기와 정서를 형성한다. 그 결과 어떤 삶의 선택들은 가능성의 영역 안으로 편입되는 반면, 다른 선택들은 상상조차 되지 않거나, 마치 처음부터 존재하지 않았던 것처럼 소거되어 버린다.

사회학에서는 사회가 특정한 자원에 접근할 수 있는 능력과 그 자원들이 열어주는 경험의 범위를 제한하는 방식을 흔히 '경제적 박탈'과 '문화적 박탈'이라 부른다. 그렇다면 이 두 범주와 나란히, 우리가 삶의 박탈이라 일컬을 수 있는 메커니즘이 또한 존재한다고 말해볼 수는 없을까? 우리에게 밀착되어 우리를 지금의 우리로 형성해온 어떤 삶의 형식을 별다른 의문 없이 견뎌내며 받아들이는 일. 그것은 곧 자신의 삶을 있는 그대로 감내하는 것이자, 동시에 우리에게 훨씬 더 적합하고 더 큰 행복을 주었을지도 모를 가능성을 차단하는 일이다. 그리고 그것은 어떤 의미에서는 사회와 타인들에 의해, 나아가 자기 자신에 의해서까지, 곧 자기 내부의 어떤 한 자기에 의해 삶이 도둑맞는 일이기도 하다.

아도르노가 지적하듯, 우리는 우리가 누구인가라는 물음과 사회가 우리를 무엇으로 형성해왔는가를 결코 혼동해서는 안 된다. 우리는 지금의 모습으로 처음부터 예정되어 있던 존재가 아니다. 그러므로 사회 질서와 그 안에서 우리가 점유하는 자리를 대립적으로 분석하려는 어떤 기획도, 삶에 대한 탐구를 생략할 수 없다. 곧 우리가 어떤 삶의 형식들을 살아가고 있는지, 그리고 우리를 이루는 관계의 조직망이 무엇인지를 묻지 않을 수 없다.

삶의 양식으로서의 우정

지금까지 내가 펴낸 책 대부분은 우리에게 부과되어

삶의 여러 층위를 제약하는 권력의 체계를 분석 대상으로 삼아왔다. 그 과정에서 나는 그러한 체계에 정면으로 맞서거나, 혹은 그 바깥에서 자신의 삶을 형성해온 비정형적인 삶의 경로들을 사유의 출발점으로 삼았다. 『창조의 논리 *Logique de la création*』에서는 푸코와 부르디외, 들뢰즈와 데리다의 지적 궤적을 따라가며, 학문 제도라는 장치와 그것이 사유의 형식에 가해온 제약을 비판적으로 드러내고자 했다. 또한 『저항의 예술 *L'Art de la révolte*』에서는 스노든과 어산지, 매닝의 행위와 제스처를 분석함으로써, 우리의 법적 질서가 정치와 저항을 사유하는 지평을 어떻게 협소화하고 봉쇄해왔는지를 추적하고자 했다.

여기서 나는 삶의 형식들에 관한 하나의 물음을 전개하고자 한다. 우리가 무엇이며 무엇이 될 수 있는지, 우리가 실제로 되어가는 것과 우리가 발전시킬 수도 있었던 자기 자신의 수많은 가능태 사이의 간극이 무엇인지를 묻고자 한다. 이를 위해 이번에도 나는 하나의 특이한 사례를 포착하고 그 사례를 서술하는 방식에 의지할 것이다. 다만 이 특이성은 추상적 대상이 아니라, 나의 전기 속에 깊이 각인되어 실제로 체험되어온 관계라는 점에서 각별하다. 디디에 에리봉과 에두아르 루이, 그리고 나. 우리를 이어주고 관통해온 우정의 관계가 바로 그것이다.

디디에와 에두아르, 그리고 나는 이제 10여 년이 넘

는 시간을 하나의 관계 속에서 함께 살아오고 있다. 우리의 이야기에는 특정한 출발일이 없다. 우리는 매해 2월 12일에 디디에와 에두아르가 처음 마주한 날을 기념하고, 4월 12일에는 디디에와 내가 만난 날이자 우리의 사랑이 열리기 시작한 때를 함께 기억한다. 그러나 우리 셋이 함께한 삶은 어느 한순간의 시작점에 고정되지 않는다. 아마 우정에는 사회로부터 사랑의 관계에 부여되는 의례적 표식들이 주어지지 않기 때문일 것이다. 사랑에는 첫 입맞춤이나 최초의 성적 교류처럼 기억과 서사를 요구하는 사건들이 있지만, 우정은 그러한 방식으로 제도화된 기억의 장치를 갖지 않는다.

우리가 서로를 잇는 우정의 기점을 2011년 9월로 삼는 것은, 바로 그 무렵 우리 삶의 결이 분명히 달라지는 결정적 전환이 일어났기 때문이다. 그때부터 우리는 함께 이동하고, 거의 매일 저녁을 나누며, 사유와 창작의 시간을 공유했고, 공적 공간에서도 셋이 하나의 주체인 양 발언하기 시작했다. 우리는 서로의 생일을 함께 기념했을 뿐 아니라, 통상 가족의 몫으로 여겨지던 크리스마스와 같은 날마저 셋이 보냈다. 그리고 우리의 체험 거의 전부를 공유했다. 이 관계는 이제 우리 삶의 중심을 이룬다. 한 지인의 표현을 빌리자면, 이것은 끝을 알 수 없는 긴 대화와도 같다. 그러나 단순한 언어의 교환 같은 게 아닌, 일상의 틀이자 감정과 경험을 함께 산출하는 생활의 장이다. 그 안에는 고유한 의례와 장소, 시간의 리듬이 있으며, 또 다른 이와 다른 세계들로 이어지는 접속의 지점들이 있다. 이 관계는 우정이 하나의 삶의 방식이 될 수 있음을 보여준다. 다시 말해, 우정은 하나의 문화이며, 동시에 하나의 주체성을 생성하는 방식이다.

'친구'라는 말

내가 책의 도입부에서부터 여러 요소를 차례로 배치하며 우리의 관계가 지닌 실상을 개괄하고자 한 것은, 방금 사용한 그 호명, 곧 이 관계를 설명해주어야 할 단어인 우정만으로는 그것을 충분히 포괄할 수 없기 때문이다. 우리의 언어는 삶의 전 과정에서 우리가 맺어가는 관계들의 여러 층위와 갈래를 명명하는 데 지나치게 빈곤하다. 제도화되고 의례화된 유대들을 가리키는 말, 이를테면 부모, 동료, 이웃, 배우자, 남편과 아내와 같은 칭호는 수없이 존재한다. 그러나 이처럼 규범화되고 조직화된 만남과 사교의 형식들에서 벗어나는 모든 것, 그리고 친밀한 관계의 구성 방식이 얼마나 다양하든 우리가 사용할 수 있는 말은 단 하나, 친구뿐이다.

'우정'이라는 말은 우리 사회에서 어떤 구체적이고 실감 나는 현실을 곧바로 가리키지 않는다. 오히려 그것은 하나의 비어 있는 기표로 기능한다. 제도에 의해 규정되지 않은 채 남아 있는 것들, 다시 말해 제도 바깥에 놓인 온갖 관계의 짜임을 한데 묶어 지칭하는, 잔여의 기표인 셈이다. 그래서 이 단어에는 개인과 집단, 계급과 세대에 따라 서로 크게 다르거나, 때로는 정면으로 어긋나는 뜻마저 덧씌워질 수 있다. 어쩌면 언어가 사회적 세계 안에 공존하는 수많은 비제도적 관계의 형식에 이토록 무심하다는 사실 자체가 이미 하나의 의미를 내포하는지도 모른다. 언어는 그런 관계들에 아무런 자리도, 따라서 어떠한 인정도 내어주지 않은 채, 그것들을 중요하지 않은 곁가지로 밀어내고, 그 모든 다양성을 하나의 잡동사니 같은 말로 처리해버린다. 어머니 외삼촌의 아들과 아버지 사촌형의 아들을 구분해 부르는 서로 다른 말들은 존재하지만, 매일같이 대화를 나누는 에두아르와 한 달에 한 번 식사를 함께 하는 사람을 구별해 부를 서로 다른 말은 존재하지 않는다.

하나의 단어가 포괄하게끔 되어 있는 상황들의 다양성과 그 단어가 지닌 단일성 사이에 놓인 명백한 부조화는 고전에서 현대에 이르기까지 거의 모든 우정론이 공통적으로 취해온 접근 방식을 설명해준다. 저자들은 매번 다소간의 단조로움을 감수한 채 언어가 하지 않는 일을 스스로 떠맡기로 결심하고, 서로 다른 우정의 형식들 사이에 구분을 세우기 위한 기준들을 찾기 시작한다. 다시 말해, 우정들을 그 지향이나 토대에 따라 갈라놓으려는 것이다. 이때 우정들은 각기 다른 성격을 지닌 것으로 간주되며, 몇 가지 특징이 그 차이를 가려내는 기준으로 제시된다. 이를테면 덕 있는 우정, 윤리적 우정, 도구적 우정과 같은 구분이다.

우정의 문제를 사유하기 위해 어떤 분류의 틀이 필요하다는 점은 부인하기 어렵다. 그러나 나는 기존의 논의 방식이 정작 핵심을 비켜가고 있다고 생각한다. 전통적인 접근은 본질적으로 명목론적이다. 우정이라는 범주를 이미 주어진 것으로 전제한 뒤, 그것을 하나의 자족적인 범주, 곧 하나의 유類로 상정한다. 그리고 그 내부에서 여러 종種을 구별하려 한다. 그 결과 사회적 관계 전체의 장 속에 우정이라는 이름으로 묶인 관계들의 집합은 하나의 완결된 실체로 승인되고, 논의는 결국 그 내부를 세분화하는 작업에 머무른다.

그러나 우리가 삶 속에서 가능한 관계적 배치의 다양성을 이해하고자 한다면, 언어상 '우정적'이라 분류된 관계들을 다른 관계들로부터 떼어놓고 그 사이에 경계선을 긋는 방식은 적절하지 않다. 오히려 이른바 우정의 관계들이 우리가 그 안에서 살아가는 삶의 다른 구조 및 관계성의 틀 속에서 어떤 방식으로 접합되는지를 재구성해야 한다. 그리고 각각의 관계가 그 안에서 수행하는 실존적 기능들을 도출해내야 한다.

우리가 삶에서 맺는 우정적 유대들 가운데 상당수는

‘기능적’이라 불러도 무방할 것이다. 이러한 유대들은 이미 사회적으로 규정된 정체성과 역할의 틀 안에 자리하며, 누가 누구를 만나는지, 또 그 관계가 어떤 방식으로 지속될지를 결정하는 사회적 규칙에 따라 형성되고 전개된다. 더 나아가 이 유대들은 가족과 부부, 직업과 세대 같은 전통적 삶의 양식과 상보적으로 결합하여, 사회가 우리에게 부여한 삶의 주기 구조 속으로 자연스럽게 편입된다.

바로 이러한 이유로 비공식적 유대들의 다수가 일종의 유형에 속하기에, 그레이엄 앨런은 우정의 사회학을 대표하는 한 저작에서 다음과 같이 말한다. 우정이란 우리 사회에서 어떤 ‘정당화’도 요구하지 않는 관계 형식이라는 것이다. 우리는 왜 어떤 이와 친구가 되었는지를 명확히 설명하지 못하며, 설령 그런 설명이 없더라도 관계는 별다른 균열 없이 지속된다. “왜 그 사람과 친구인가요?”라는 질문에 대한 대답은 대개 막연하거나 상투적인 말로 귀결된다. 이러한 우정들은 사회적 질서에 의해 이미 지지되고 있기 때문에, 의식적인 선택이나 구축의 과정을 거치지 않고도 성립한다. 그 정당성은 이미 사회 구조의 객관성 속에 자리한다. 어떤 의미에선 이처럼 관성적으로 되풀이되는 우정들이 고유한 존재성을 지닌다고 말하기 어렵다. 그것들은 사회적 세계가 우리를 매개로 다시 한번 자기 자신을 구현하는 양태이며, 우리가 타인들과 유지하는, 늘 다소 지루하기 마련인 관계성의 실천들, 곧 우리가 **사교**라 부르는 실천들을 통해 스스로를 재생산하는 방식이다.

그러나 어떤 관계적 배치들은 이 논리에서 벗어난다. 우리는 그것을 **창조적** 우정이라 부를 수 있을 것이다. 그러한 우정은 관계성과 삶을 바라보는 또 다른 관점을 우리 앞에 내놓는다. 그것은 지속적일 수도 있고 일시적일 수도 있으며, 안정적일 수도 불안정할 수도 있다. 그러나 중요한 점은, 그것이 다른 제도화된 틀들에 종속되지 않는다는 점이다. 오히려 그 안에는 삶을 다시 짜맞출 수 있는, 일면 재배치하는 힘이 있다. 그러한 우정은 수행의 장소를 이룬다. 즉 제도화된 삶의 양식 대부분에 대해 어긋남과 거리 두기의 원리를 길어올릴 수 있는 대항문화의 발명적 거점이며, 달리 살기 위한 원천이다.

디디에와 에두아르, 그리고 나 사이에 맺어진 관계, 곧 우리가 그것을 창조해가는 동시에 그것이 우리를 형성해가는 이 관계를 재구성하는 일은, 특정한 관계적 배치가 열어주는 잠재성을 사유하기 위한 하나의 출발점이 된다. 이 잠재성은 삶 전반에 관한 것이기도 한데, 특히 가족 질서와의 관계 속에서 그러하다. 또한 당연히도 작가의 삶과 지적 윤리의 문제와 맞닿아 있다. 여기서 내가 하려는 것은 우리의 관계를 서사적이고 장황한 방식으로 복원해내는 완결된 이야기 쓰기가 아니다. 또한 우리 셋의 관계를 하나의 모델로 제시하려는 것도 아니다. 더 나아가 세계를 구성하는 주체들의 서로 환원될 수 없는 여러 층위와 갈래를 고려할 때 '좋은 삶'의 보편 형식으로 주장하려는 것도 아니다. 오히려 여기서 해야 할 일은 이 관계의 몇 가지 특징, 그 작동 방식, 그것이 산출하고 가능하게 한 것, 내가 그 안에서 사랑하는 것과 그것이 내게 가져다준 것으로부터 출발해 존재 양식들에 대한 하나의 분석을 구성하는 일이다. 다시 말해, 우리의 삶을 미리 규정하고, 종종 우리가 알아차리지도 못한 채 삶을 제한하는 틀들에 대한 분석을 구성하는 일이다. 여기서 중요한 것은 하나의 형식 내지 하나의 배치에 대한 일종의 탐구를 제시하는 데 있다. 곧 우리의 사례를 통하여 그것이 다른 형식들과 다른 배치들에 어떻게 맞서며 어떻게 차이를 이루는지를 밝혀내고, 이러한 특이성, 즉 삶의 양식으로서의 우정이 어떤 해방적·창조적 효과를 낳을 수 있는지를 질문하는 것이다.

삶 양식의 비판

삶의 형식 그 자체를 철학적 사유의 자리로 삼고, 우리가 타인과 맺는 관계적 배치들, 그리고 삶을 조율하기 위해 취할 수 있는 다양한 모형에 질문을 던지는 일은 사회 이론이 하나의 새로운 문제 영역, 이른바 행복의 정치라 부를 수 있는 사유의 장을 여는 작업이다. 이는 각자가 자신의 삶과 타인과의 관계 속에서 어떤 기쁨과 즐거움, 고통과 훼손을 겪는지, 무엇이 삶을 약화하고 반대로 무엇이 삶을 증대하는지를 묻는 일이다. 그러나 이러한 물음은 자칫 피상적인 주제로 오해되기 쉽다. 마치 그것이 이미 주어진 세계 질서 안에서 우리가 '좀더' 혹은 '덜' 행복해지기 위해 선택할 수 있는 삶의 양식이 뭔지 묻는 일에 불과해 보일 위험이 있기 때문이다.

그러나 삶의 양식은 사회 질서 전체의 작동과 정교하게 맞물려 있다. 오늘날에는 다소 주변부로 밀려난 사유 전통이지만, 프로이트-마르크스주의는 사회 비판의 지평 속에 삶의 문제를 편입하는 데 결정적인 역할을 수행해왔다. 빌헬름 라이히의 『성혁명』에서 허버트 마르쿠제의 『에로스와 문명』에 이르기까지, 문명은 삶의 틀을 구성하며, 이에 대응하여 '비억압적인 삶의 양식'을 발명해야 한다는 요구가 지속적으로 제기되어왔다. 풍습과 일상의 관계들, 함께 거주하고 살아가는 방식들은 우리의 심성과 정서, 성향과 태도 속에 깊이 각인된다. 우리의 가장 일상적인 관계성의 양식들, 곧 삶을 실천하는 우리의 방식들은 사회 질서의 재생산을 촉진하기도 하고, 반대로 그것을 저지하는 심리적 성향들의 형성을 이끌기도 한다. 그러므로 우리가 사회 내부에 작은 교란을 도입하고자 한다면, 다양한 삶의 양식을 실험할 수 있는 '관계의 조직망' 전체와 주관적 열망들을 축소하는 모든 요소를 투쟁의 장으로 삼아 그 안에 개입해야 한다.

그러므로 해방적 문명을 구축하려는 기획은 자본주의적 경제 조직만을 겨냥해서는 절대 충분하지 않다. 그 기획은 제도화된 삶의 양식이 구성되는 방식 전체, 그리고 그로부터 파생되는 억압과 제한, 고통의 효과 들까지 함께 해체해야 한다. 라이히는 『성혁명』에서 "가족에 부여되는 가치는 각 사회 질서 전체를 평가하는 기준이 된다"[†]고 지적한 바 있다. 질적으로 상이한 사회적 관계를 발명하는 작업은 무엇보다 가족 형식에 대한 비판을 요청한다. 가족은 보수적 이데올로기의 핵심적인 배양장이며, 가족 질서와 억압 장치의 안정성은 서로를 단단히 지탱한다. 따라서 가족과 가족 질서에 대한 비판 없이는 혁명적 정치 기획은 성립할 수 없다.

[†] Wilhelm Reich, *La Révolution sexuelle*, Paris, 10/18, 1970, p. 141[빌헬름 라이히, 『성혁명』, 윤수종 옮김, 중원문화, 2023].

선언

오늘, 질적으로 상이한 사회적 관계들을 발명한다는 기획은 과연 어떤 의미를 가질 수 있을까? 이미 익숙해진 가치들이 아니라 전혀 다른 가치들에 따라 삶을 이끌고, 우리가 알고 있던 것과는 다른 유형의 주체성을 형성한다는 것은 과연 무엇을 뜻하는가? 우리가 더 행복하고 더 개방적인 사회의 형상을 구상하려 한다면, 다시 말해 개인들이 더 자유지향적이고 더 비순응적인 성향들에 관통되고, 덜 지루해하며, 덜 고독하거나 덜 불행해하는 사회를 상상하려 한다면, 우리에게 강요되는 삶의 형식들, 더 정확히 말해 대개는 우리가 우리 자신에게 되돌려 강요하는 그 삶의 형식들을 연구 대상으로 삼아야 하지 않겠는가? 그리고 그 삶의 형식들이 그것을 받아들인 이들로 하여금 어떤 성향을 체화하고 내면화하게 만드는지, 그 작동 방식 또한 함께 분석해야 하지 않겠는가?

지금 우리의 삶과 욕망은 놀라울 만큼 평준화되고 규격화되어 있다. 삶과 욕망이 이처럼 극도로 정형화되어 보이는 이 시대에, 이 책은 하나의 삶의 안내서로 자리하고자 한다. 제도화된 삶의 틀에 순응하지 않는 반제도적 삶의 매뉴얼로서, 다른 삶을 향한 우리의 유토피아적 열망에 구체적인 의미와 실천적 형식을 부여하려는 시도이다.

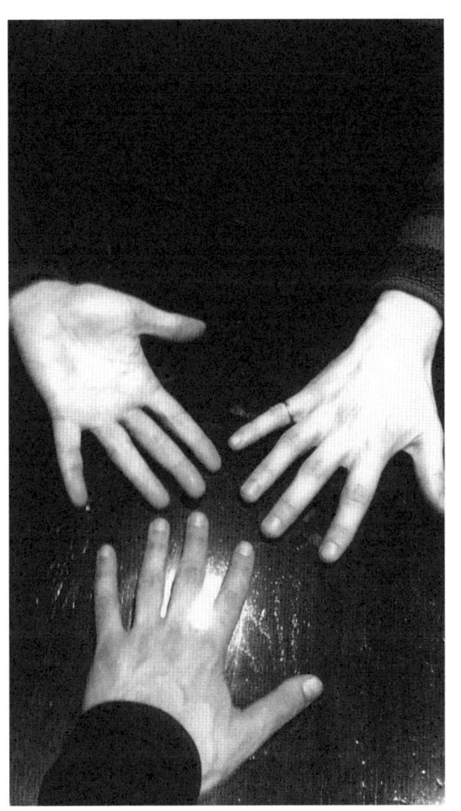

1장

(**셋의 삶**)

1

　나는 우리 셋이 처음 한자리에 모였던 그 순간을 뚜렷이 기억하지 못한다.

　그 만남이 거리에서 몇 마디를 나눈 짧은 조우였는지, 혹은 처음부터 술자리를 함께한 자리였는지조차 선뜻 가늠할 수 없다. 다만 몇몇 날짜와 장면만이, 오래된 필름의 흔들리는 프레임처럼 희미하게 남아 있을 뿐이다. 2010년과 2011년 사이의 어느 시기, 디디에는 아미앵대학 강단에 서 있었다. 그는 자신의 제자 가운데 한 명을 유난히 마음에 두고 있다며, 종종 내게 그에 대해 말하곤 했다. "아주 독특한 사람이야. 총명하고, 마음을 건드리는 데가 있어. 어딘가 결이 달라. 묘한 매력이 있지." 그는 그런 말을 되풀이했다.

　인연의 발단은 『랭스로 되돌아가다』 출간 이후, 디디에의 강연에서였다고 한다. 그곳에서 마주한 에두아르의 태도와 그 자신을 변모시키고자 하는 강렬한 열망은 디디에의 마음을 묵직히 움직였다. 그뒤로 두 사람은 여러 차례 다시 만났다. 함께 커피를 마시거나 캠퍼스에서 시내로 향하는 버스 안에서 시간을 보내기도 했다. 디디에는 사회학부에서 강의하고 있었는데, 에두아르는 역사학부였지만 디디에의 강의를 듣기 위해 학업 이수 과정까지 바꿨다. 두 사람은 자연스레 더 가까워졌다. 디디에가 아미앵에서 하룻밤 머물러야 하는 날이면, 둘은 저녁을 함께 했다. 역 근처의 한 브라스리(바)에서 그들은 긴 대화를 이어갔다. 하루는 에두아르가 어린 시절의 기억들을 조금씩 풀어놓기 시작했다. 디디에는 조심스럽게 질문을 건네며, 그가 자신의 이야기를 끝까지 이어갈 수 있도록 곁을 지켰다. 그 시기 에두아르는 오랫동안 마음속에 잠겨 있던 동성애 혐오의 상처를 누군가의 앞에서 처음으로, 조용히 꺼내놓을 수 있게 된 셈이었다. 디디에는 그의 말을 끝까지 들었고, 필요한 말들을 아끼지 않았다. 무엇보다 디디에는 에두아르를 책과 사유의 세계로 다시금 이끌었다. 새로 나온 저작들을 이야기하고, 읽고 사유하는 습관을 놓지 않도록 차분히 격려했다.

'에디와 함께' 저녁 식탁에 마주 앉을 수 있으리라는 기대는, 디디에가 아미앵에서 저녁을 보내야 한다는 사실을 훨씬 더 견딜 만하고도 한결 유쾌한 것으로 바꾸어주었다. 그렇지 않았다면 그는 대개의 저녁을 호텔 방에 홀로 머물며 세미나를 준비하거나, 거의 텅 빈 상영관에서 예술영화를 보며 권태와 피로 속에 흘려보냈을 것이다.

그리고 에두아르는 파리에 들를 때마다 디디에의 권유로 몽파르나스의 카페 르 셀레에서 함께 늦은 오후의 술잔을 기울였다. 나는 때때로 디디에를 데리러 그곳에 들르

곤 했고, 이따금 함께하기도 했다. 에두아르가 파리에서 머무는 시간이 길어질수록, 우리 셋이 마주하는 자리도 자연스럽게 잦아졌다. 이러한 간헐적인 만남은 2011년 1월부터 그해 여름까지 이어졌다.

2

2011년 새 학기가 시작될 무렵, 에두아르는 파리로 거처를 옮겼다. 그리고 바로 그즈음, 무언가가 결정적으로 바뀌었다. 처음에 이 관계는 디디에와 에두아르, 그리고 나에게 다른 여러 관계 가운데 하나에 불과했다. 디디에와 내가 살아가던 삶, 에두아르가 살아가던 삶 속에 각각 편입된 채, 다른 교유들과 나란히 이어지던 관계였다. 우리는 한 달에 세 번이나 네 번쯤 저녁을 함께 했고, 때로는 뤽상부르 공원에서 산책하거나, 마레 지구에서 밤늦게 술잔을 기울이기도 했다. 그러나 점차 이 관계는 다른 형태를 띠기 시작했다. 그것은 다른 관계들 사이에 섞여 우리가 유지해온 관계 중 하나로 자리 잡은 것이 아니라, 하나의 삶의 틀, 곧 그 안에서 우리 각자가 어느 순간 갑자기 변모하며 세계에 대한 태도를 새로이 규정해나가게 된 공간으로 자리 잡은 것이다. 개별적 삶과 사회적 관계 사이의 위상이 뒤바뀌는 전도가 일어났고, 그 전도를 통해 우리가 이루는 결속은 그 의미를 달리 갖게 되었다. 이 우정은 삶의 원리이자, 공간과 시간, 제도, 타자와 맺는 관계를 새로이 조직했다. 다만 이 결속이 우리 삶의 일부를 이룬다고 말하는 것이 부정확한 이유는 이것이 삶 자체이기 때문이다. 우리를 감싸안고 우리를 산출하며, 또한 우리가 다른 유대를 맺거나 맺지 않을 출발점이 되는 것이다.

모든 관계가 그렇듯, 우리를 이루는 이 결속은 우리가 그것을 이뤄온 만큼, 일련의 일화 또는 이야기와 이미지로 복원된 기억의 집합으로는 결코 기술될 수 없다. 관계는 우리가 경험한 각각의 구체적 순간에 의미를 부여하는 하나의 틀이다. 이 같은 진실은 언제나 서술될 수 있는 영역을 넘어선 자리에 놓여 있기에, 언제나 말로 옮길 수 있는 것 바깥, 말해짐을 넘어서는 잉여의 자리에서 성립된다. 관계가 함께 경험되는 순간부터는 가장 사소한 행위조차, 이를테면 저녁을 먹고, 영화를 보고, 산책하고, 커피를 마시는 일조차 고유한 의미와 풍미를 띠기 때문이다. 관계란 상호작용들의 합이 아니라, 하나의 맥락이다.

셋의 삶, 곧 그것이 어떻게 우리를 사로잡고 어떻게 우리 삶을 형성해왔는지를 기술하는 일은, 하나의 본질을 탐구할 때와 같은 형식을 취해야 한다. 우리 관계가 어떻게 **우정을 하나의 삶의 양식으로** 만들어왔는지를 사회학적으로 파악하기 위해서는, 이 결속을 특징짓는 성질들과 작동의 특수성을 식별할 필요가 있다.

3

각자가 생애 동안 유지해가는 우정 관계들은 삶의 전통적인 조직 방식과 상보 논리 속에 자리한다. 나아가 이 관계들은 어떤 의미에서는 삶의 조직 방식 자체에 의존한다고까지 말할 수 있다. 이러한 의존성은 관계의 내용, 곧 우리가 누구를 만나는가라는 차원에서 드러나고, 관계의 시간성, 곧 만남이 어떤 빈도로 이루어지는가라는 차원에서도 드러나며, 관계의 전개, 곧 만남이 어떤 장소에서 펼쳐지는가라는 차원에서도 드러난다. 이러한 관계들은 대체로 기능적이며 사회적 질서 속에 통합되어 있다. 더 나아가 그것들은 다른 여러 형태의 사교 및 가족적·직업적 정체성과 공존하면서, 그러한 정체성들이 작동하는 데 일정한 방식으로 참여한다. 이를테면 연인이나 배우자와 함께 친구들을 만난다거나 또는 각자가 자신의 친구들과 따로 외출하는데, 이는 흔히 동성 친구들로 이루어진다. 한편 직장 동료들과 교류하거나, 간간이 이웃이나 어린이집에서 마주치는 다른 보호자와 술 한잔을 나눌 수도 있다.

반대로 나와 디디에, 에두아르에게 점차 분명해진 것은 우리가 맺고 있는 이 관계가 어느 순간 하나의 온전한

삶의 양식으로 자리했다는 사실이었다. 이 관계는 다른 일
상에 의존하는 부차적 영역이 아니라, 오히려 우리의 삶 전
체를 한가운데서 이끌어가는 축이 되었다. 다시 말해, 그것
은 삶의 부수적 산물이 아니라 우리가 살아가는 방식을 규
정하는 중심점이며, 우리만의 자율적 문화가 생성되는 출
발점이었다.

　우리의 우정은 무엇보다 끊김과 공백 없는 연속적 관
계 형식을 창조하려는 시도의 이름일 수 있다. 통상적인 친
구 관계는 정기적으로 만나기는 하지만 이따금 서로의 소
식을 주고받고, 만남 사이에는 각자 떨어져 살아가며 때로
는 서로를 잊기도 한다. 그러나 우리는 늘 글을 주고받는다.
어떤 날엔 한 시간에 열 통이 넘는 메시지가 오가기도 했
다. 우리는 늘 함께 있으면서도 각자의 공간을 지닌 채 살아
갔다. 서로를 알게 된 이후로 "잘 자"와 "좋은 아침"을 건네
지 않은 날은 단 하루도 없었던 듯하다. 잠들기 전 마지막으
로 남기는 말도, 눈을 뜨자마자 가장 먼저 건네는 말도 언제
나 서로를 향했다. 우리는 생일을 함께 보냈고, 크리스마스
와 새해를 함께 맞이했으며, 여행을 함께 다녔고, 늘 서로를
보살폈다.

　우리 우정이 각자의 삶에서 차지하는 자리를 가장 정
확히 드러내는 것은, 그것이 부재할 때조차 형태를 부여한
다는 사실일 것이다. 함께 있지 않음 자체가 하나의 의미 있

는 요소가 된다. 디디에게나 나에게나, 에두아르가 아닌 '다른 누군가와' 저녁을 먹는다는 것은 곧 에두아르와 저녁을 먹지 '않는다'는 것, 혹은 에두아르가 아닌 누군가와 저녁을 먹는다는 것을 뜻한다. 셋 중 한 사람이 어떤 자리에 함께하지 못할 때면, 우리는 거의 언제나 사진과 메시지를 보내며 그 순간을 어떻게든 나누려 한다. 가까운 친구들은 이제 이 습관을 잘 알고 있다. 토마스 오스터마이어는 우리 셋 가운데 두 사람과 저녁을 먹게 되면, 대화가 시작되기도 전에 으레 이렇게 묻곤 한다. "자, 나머지 한 명에게 보낼 사진부터 찍을까?" 누구든 혼자 영화를 보거나 책을 읽을 때도 사정은 같다. 마음을 흔드는 장면, 불쑥 떠오르는 기억, 생각의 파편은 즉시 다른 두 사람에게 전송된다. 이렇게 보자면 우리는 서로에게, 서로의 삶을 실시간으로 기록하는 연속된 일기와 같다. 한 사람이 어떤 경험을 혼자 겪고 있다 해도, 그 순간 다른 두 사람은 이미 그의 마음속에 함께 있다. 결국 그 경험은 정신적으로는 셋이 함께 겪는 것이 된다. 어떤 경험을 한다는 것은, 이미 그것을 나눌 것을 예감한 채로 경험하는 것과 거의 다르지 않다. 경험은 언제나 '이야기가 될 경험'으로 체험된다. 게오르크 지멜이 말하듯이, 관계를 규정하는 것은 비밀이다. 관계를 구별하는 가장 적확한 기준은 서로에게 무엇을 말하는가가 아니라, 오히려 무엇을 말하지 않는가에 있다. 이와 같은 맥락에서 우리는 '부재의 현전'이라는 기준을 통해, 우정과 그것이 우리 각자의 삶에서 차지하는 자리를 특징지을 수 있을 것이다.

각자의 삶이 우리의 관계로 인해 이처럼 포화되고, 우리 삶이 우정을 중심으로 수렴되는 이러한 방식은, 아마 우리가 그 자체를 의식적으로 선택한 적은 한 번도 없었을 것이다. 비록 모든 관계의 창조가 날마다의 작은 실천과 결정들이 축적되어 자율적인 사회적 형식을 산출해내는 과정을 요구한다 하더라도, 어떤 관계도 단 한 번의 의식적 결단만으로 창조되지는 않는다. 오히려 우리는 어떤 것에 의해 휩쓸려왔다. 아마도 스피노자적 의미에서, 우리는 우리의 몸과 정동 속에서 이 결속이 우리에게 기쁨과 행복을 가져다주고, 우리의 역량과 즐거움을 증대시키며, 우리에게 어울리는 삶의 방향을 만들어준다는 것을 느꼈다. 그리고 바로 그 때문에 우리는 그 방향을 끊임없이 북돋우고, 지속적으로 양분을 공급해왔다.

에두아르가 파리에 정주한 2011년 9월 무렵, 우리에겐 하나의 리듬이 형성되었고, 그 리듬은 이후 우리 존재 방식을 지속적으로 규정하는 틀이 되었다. 그 시기 에두아르와 나는 디디에의 거처 인근에 자리한 작은 체육관에 함께 등록했다. 소박한 지하 공간에서 몸을 단련하는 동안 우리는 끊임없이 말을 주고받았다. 내가 집필 중이던 책과 에두아르의 학업에 관해, 우리가 읽고 있던 책들과 앞으로 써내려

디디에의 집, 그의 곁에는 늘 에두아르와 내 사진 한 장이 놓여 있다.

가고자 했던 글들에 관해, 서로의 사유와 계획을 길게 나누었다. 그 무렵 나는 미셸 푸코 및 신자유주의를 다루는 원고를 쓰고 있었고, 에두아르는 『에디의 끝』을 구상하고 있었다. 나는 집필의 진척이 더딘 날이면 곧잘 마음을 추스르지 못했는데, 에두아르는 그때마다 나를 차분히 안심시켰다. 나 또한 운동을 막 마치고 숨이 가쁜 채로 탈의실에 서서, 그의 글쓰기에 도움이 될 것이라며 피에르 베르구니우를 읽어보라 권했던 날이 아직도 기억에 남아 있다.

운동을 마치고 나면 우리는 디디에의 집 아래에서 그를 만나, 근처 카페에서 잠시 시간을 함께 보냈다. 그는 그 무렵 구상 중이던 『판결로서의 사회 *La Société comme verdict*』에 관해 이야기하곤 했다. 때로는 오랜 시간 화면 앞에 머문 탓에 눈이 붉게 충혈된 채, 다소 멍한 얼굴로 나타나 "이 원고를 그냥 창밖으로 던져버리고 싶을 지경이야"라고 말하기도 했다. 우리는 각자 집으로 돌아가 저녁까지 일하거나 쉬었다가, 곧 다시 모여 저녁 식탁에 둘러앉았다. 운동을 하지 않는 날에는 곧바로 저녁 무렵에 만났다. 에두아르의 집에서, 내 집에서, 혹은 어느 식당에서. 때로는 영화를 봤고, 연극을 보기도 했으며, 다른 친구들을 만나기도 했다.

우리 하루의 구성과 서로를 만나는 방식은 시간의 흐름에 따라 달라질 수밖에 없었다. 그럼에도 아주 이른 시점부터 우리에게 한 가지 사실만큼은 자명했다. 산다는 것은

곧 셋이서 사는 것이었고, 셋이 함께 감동하며, 셋이서 음악
회를 비롯한 공적 행사에 참석하고, 셋이서 어떤 사건에 대
해 의견을 나누는 것. 마치 어떤 경험이 온전한 경험으로 성
립하려면, 그것이 셋이 함께 한 경험이어야 한다는 듯이.

랄프 왈도 에머슨은 사랑과 우정에 관한 글에서, 일상
의 영역 안에서 자연스럽게 전개되는 우정과, 반대로 특별
한 순간이나 기념일, 혹은 공적인 장면에서만 자신을 드러
내는 우정을 구별한다. 그는 전자를 "순수한" 우정이라 부
르고, 후자를 "번쩍이는" 우정이라 부르는데, 순수한 우정은
예외적이고 단절적인 순간들에서가 아니라 오히려 일상의
필요와 의무가 수행되는 자리에서 지속적으로 펼쳐진다는
데 그 차이가 있다. 다시 말해 이 우정은 일상의 필요와 일
상적 의무를 "고양하고", 일상을 한층 더 아름답게 가다듬
으며, 비 내리는 늦은 오후의 산책마저 하나의 축제로 경험
하게 만드는 능력에 의해 규정된다.

우리 사이에서 거의 무한히 늘어나는 메시지, 함께 떠
나는 여행, 이어지는 대화, 독서에 관한 조언, 수시로 오가
는 문자들은 하나의 실천적 집합을 이룬다. 이 실천들은 우
정적 관계성[†]을 예외적이고 단발적인 사건의 차원에서 끝

[†] 관계는 사람과 사람 사이에 실제로 맺어지는 구체적 연결과 사건을 가

어내어, 일상의 지속 속에 정착시키는 데 기여한다. 우정을 하나의 삶의 양식으로 만드는 일은, 관계의 끈을 일상의 가장 평범한 층위에 새겨넣는 작업을 전제하며, 우정을 그저 강렬한 순간이나 이따금의 외출로만 한정해 살지 않으려는 태도가 요구된다. 그렇지 않으면 관계는 주체성이 형성되는 틀 밖에서만 흘러갈 뿐, 스스로 효과를 낳는 자율적 삶의 형식으로는 자리 잡지 못한다.

이러한 관계의 일상화와 우정을 통해 일상이 하나의 틀로 짜이는 방식은 매년 우리가 함께 보내는 휴가 중에 가장 선명해진다. 처음부터 셋이 함께 휴가를 떠나진 않았다. 관계가 막 싹트던 초기에는 대개 셋 가운데 한 사람이 학술회의나 세미나에 참석할 때 동행하여 잠시 머무르는 짧은 체류가 전부였다. 그러나 2015년, 디디에가 스페인 발렌시아대학으로부터 한 학기 동안 객원연구원으로 초청되었

리키며, 만남과 대화, 메시지, 동행 같은 개별 행위들의 사실성을 뜻한다. 반면 관계성은 그 연결이 어떤 방식으로 지속되고 증식하며 삶을 조직하는가를 규정하는 작동 원리이자 형식으로, 시간과 공간과 리듬, 규칙과 습관의 배치를 포함한다. 따라서 관계가 내용이라면 관계성은 구조이고, 관계가 주어짐이라면, 관계성은 그 주어짐이 산출하는 작동 규칙이다. 예컨대 카페에서 만나는 것은 관계이지만, 카페를 반복적으로 점유하여 만남의 거점을 만들고 그 거점을 통해 일상의 리듬을 고정하는 것은 관계성이다. 결국 이 책의 맥락에서 관계는 우정의 사건들이고, 관계성은 그 우정이 삶의 형식으로 작동하도록 만드는 기술과 리듬이다.—옮긴이

을 때, 나는 주저 없이 그를 따라 나서기로 했다. 그리고 에두아르는 자신의 저서 『폭력의 역사 *Histoire de la violence*』 출간 준비를 위해 파리로 돌아갈 때까지 우리와 한 달 동안 머물렀다.

스페인에서 보낸 그 몇 주는 우리 우정에 있어 결정적인 시간으로 새겨졌다. 나는 발렌시아에서의 체류가 우리가 함께한 여러 해외 장기 체류 가운데 첫 번째였고, 우리 관계의 가장 아름다운 시기 가운데 하나였다고 자신 있게 말할 수 있다. 어쩌면 그것은 우리에게 하나의 신화적 기억, 곧 무의식적으로 되풀이하며 다시 붙잡고자 하는 기원의 시간이었는지도 모른다. 도착한 첫날부터 일정한 리듬이 자연스레 형성되었다. 아침에 일어나 카페 테라스에서 만나 담소하며 일을 하고, 이어 함께 산책한 뒤 잠시 각자의 집으로 돌아가 한두 시간을 보내다가, 저녁이면 다시 만나 식탁 앞에 마주하는 일정이었다. 우리는 이 하루의 리듬을 정확히 같은 방식으로 서른 날 동안 되풀이했다.

내게 휴가란 일과를 완전히 끊고 오로지 여가와 쉼에만 몰두하는 기간을 뜻하지 않는다. 우리 삶은 애초부터 여러 활동이 서로 얽혀 돌아가는 상태에 놓여 있다. 그래서 우리는 해마다 몇 주 동안 모든 일을 멈추고 오롯이 쉬는 작가나 예술가의 생활 양식을 선뜻 이해하지 못한다. 우리가 여행을 떠나 있어도 일은 계속된다. 책을 읽고, 글을 쓰고,

대화를 나눈다. 서로에게 읽을거리를 건네고, 원고에 대해 의견을 주고받는다. 어쩌면 우리는 그런 순간들에 오히려 더 잘 일하는지도 모른다. 글쓰기가 지나치게 의례적인 틀을 벗어나 여가와 즐거움 속에서 자연스럽게 이어지고, 언제든 잠시 멈출 수 있으며, 타인이 끼어들어 흐름을 끊었다가 다시 잇는 일이 가능할뿐더러 가벼운 일화든 진지한 논의든 대화가 수시로 스며들 수 있을 때 말이다.

내가 말하는 휴가란, 세계로부터의 잠정적 휴가, 곧 우정적 관계성이 자기 배양의 중심 장소로서 자리하는 순간들을 뜻한다. 우리가 어디로 떠나 몇 주간 머문다 해도, 우리는 거의 아무것도 찾아다니지 않으며, 엄밀히 말해 관광이라 부를 만한 일을 거의 하지 않는다. 파리로 돌아오면 사람들은 종종 묻는다. "밀라노에서는 무엇을 보았나요?" "볼로냐에서는요?" 우리에겐 대답할 거리가 거의 없다. 우리의 휴가는 도시 풍경이 아니라, 그곳에서 우정이 어떤 방식으로 살아 숨 쉬는가에 의해 성립하기 때문이다. 그래서 어느 도시를 가든 우리 기억에 가장 또렷이 남는 장소는 늘 같다. 하루를 함께 보낸 카페. 발렌시아에서는 르 마르키^{Le Marquis}, 볼로냐에서는 자나리니^{Zanarini}, 이드라에서는 타소스^{Tassos}, 아테네에서는 다 카포^{Da Capo}. 도시들의 이름보다 먼저 떠오르는 것은 언제나 그곳, 우리가 시간을 함께 쌓아 올렸던 바로 그 자리다. 우리는 종종 셋이 함께 읽을 책을

정한다. 에밀 졸라와 스탕달, 오노레 드 발자크 같은 고전 작가들의 작품이다. 때로는 셋 가운데 한 사람이 도중에 흥미를 잃고 다른 책으로 옮겨가더라도, 나머지 둘은 계속 읽으며 그 이야기를 전해준다. 그렇게 우리의 시간과 생각은 자연히 한데 엮이고, 서로의 정신은 맞닿아 이어진다. 마치 셋이 함께 엮어내는 하나의 공동 독서, 하나의 공동 사유처럼 말이다.

서로 다른 도시로 옮겨다니면서도 늘 비슷한 장소에서 거의 같은 일을 되풀이하는 이 실천은 과연 어떻게 설명될 수 있을까? 그 반복 속에서 우리는 무엇을 추구하고, 무엇을 욕망하며, 어떤 정동과 어떤 삶의 방식을 조용히 다듬고 있는가? 그리고 삶의 양식으로서의 우정은 우리로 하여금 어떤 종류의 감각과 정서, 나아가 어떤 기쁨을 경험하게 하는가?

그리스, 2019년 어름.

우정에 관한 어떤 글에서 조르조 아감벤은 우정 관계를 상호주관성의 방식으로 사고하는 것은 잘못이라고 말한다. (우정은 대개 숫자 '2'를 전제로 사유된다. 그러나 이는 문제적이다. 이 논점은 뒤에서 다시 다루겠다.) 즉 우정을 두 사람을 결합하는 하나의 관계의 끈, 곧 두 인격을 잇는 유대로 이해하는 것은 오류라는 것이다. 아감벤에 따르면 친구는 단순히 나와 마주 선 타자가 아니며, 관계 안에서 사랑받는 대상 또한 하나의 개별적 존재가 아니다. 우정을 통해 경험되는 것은 오히려 분할된 동일자에 대한 감각, 두 존재를 포괄하면서도 그 관계를 통해 둘이 함께 나누어 갖게 될 무언가의 감각일 것이다.

존재한다는 감각의 한가운데에는 인간에게 특유한 하나의 감각이 끈질기게 자리하고 있다. 그것은 친구의 존재를 함께 느끼는 감각이라는 형식을 띤다. 우정이란 자기 자신의 존재 감각 속에서 친구의 존재를 함께 느끼게 하는 하나의 자리, 곧 그러한 공감이 성립하는 계기다. 그러나 이는 곧 우정을 존재론적이며 동시에 정치적인 수준으로 끌어울린다는 뜻이기도 하다. 실제로 존재의 감각은 언제나 이미 공유되어 있으며, 우정은 바로 그 공유에 이름을 부여하는 말이기 때문이다. 근대인들이 품어온 '상호주관성'이라는 것은 하나의 환상일 뿐이고, 주체들 사이에 성립되는 어떤 관계도 여기에는 없다. 오히려 분할되어 있는 것은 존재 그 자체다. 존재는 자기 자신과 동일하지 않으며, 나와 친구는 그 공유의 두 얼굴, 혹은 더 정확히 말해 그 공유를 이루는 두 극極이다.

친구들이 우정 속에서 사랑하는 것, 함께 있을 때 가꾸고 체험하는 것, 다시 말해 그들이 추구하는 즐거움의 유형은 하나의 독자적인 감각을 이룬다. 그 감각은 관계를 통해 구성되며, 또한 그 관계를 통해서만 경험된다. 왜냐하면 그러한 감각이 바로 그 공유를 매개로 해서만 존재하기 때문이다……. 따라서 모든 관계의 발명이 던지는 물음은, 그 관계를 통해 어떤 삶의 감각이 창조되고, 어떻게 제도화되며, 관계 안에서 무엇으로 욕망되는가를 묻는 데에 있다.

우정이 하나의 삶의 방식으로 자리할 때, 따라서 삶의 핵심을 차지하는 고유한 문화의 대상이 되고, 가족이나 일, 이웃 등으로부터 떨어진 여분이 아니라 심리적 관심이 집중적으로 투입되는 중심의 자리가 될 때, 우정은 하나의 바깥을 찾아 나서는 탐색으로 해석될 수 있다. 그것은 제도화된 관계들로부터 벗어날 가능성을 목표이자 지향으로 삼아, 자기 자신과 타인에 대한 또 다른 관계 맺음의 방식을 재구성하려는 하나의 실천이기도 하다. 친구들과 함께 있을 때, 누구나 한번쯤은 은총의 순간을 맞이한다. 타자 또는 여러 사람과 함께 있다는 사실 자체에서 솟아나는 순수한 행복이 그 순간을 이룬다. 그리고 나는 이러한 감각이, 자기 자신과 일반적인 사회로부터 벗어나 어떤 바깥에 접근하는 느낌이라고 생각한다. 그것은 마치 우정의 실천 안에서, 그리고 그 실천을 통해, 또 다른 자기의 잠재성과 다른 형태의 관계성 및 정동성을 경험할 가능성을 감지하는 일과도 같을 것이다.

5

새로운 관계 양식들의 발명이 지니는 사회학적 의미, 그리고 무엇보다 그 실존적 중요성은, 유토피아에 대한 물음과 다른 존재가 되려는 열망을 모두 새롭게 문제화하는 틀 속에 함께 놓을 때에만 온전히 이해될 수 있다. 우리가 세상에 태어날 때, 사회적 틀들은 우리보다 앞서 존재한다. 우리는 선행하는 제도적 틀 속에서 숨 쉬고, 사랑하고, 자신을 형성하는 존재로 길러진다. 우리는 제도화된 형식 내부에서 살아가며 사랑하는 주체로서 형성된다. 사회는 이미 거기에 있다. 우리를 둘러싸고는 우리가 존재하고 사유하는 방식과 감각하는 방식까지 규정한다. 그리고 우리가 실제로 살아낸 삶이 도둑맞은 삶이며, 미리 경계 그어져 있고, 타자의 권력에 예속되어 있으며, 끝내 그 삶에 대해 우리는 거의 아무런 주도권도 갖지 못한다는 감각은 정치이론과 윤리를 사로잡는다. 그리고 어쩌면 그 감각은 우리 각자의 내면 깊숙한 곳까지 내밀히 스며들어 좀처럼 사라지지 않는다. 그렇다면 하나의 문화로서의 우정은, 다른 삶의 양식을 실험할 가능성으로서 실천적 응답이 될 수 있을까? 또한 우정은 자기 자신을 다시 만들어내는 일, 곧 다르게 살기 위한 하나의 계기가 될 수 있을까? 더 나아가 어떤 의미에서는, 사회가 정렬해둔 궤도 바깥으로 우리를 밀어내는 지렛대가 될 수 있을까?

『어떻게 더불어 살 것인가』에서 롤랑 바르트는 유토피아적 사유의 핵심을 이루는 하나의 집요한 물음에 매달린다. 지배와 복종이라는 통상적 질서의 바깥에서, 자신의 삶을 스스로 구성할 가능성이 과연 존재하는가 하는 질문이다. 그러나 그의 글을 따라 읽을수록 점점 더 분명해지는 것은, 그가 탐색하는 여러 유토피아적 삶의 형식이 결국 아포리아와 불가능성의 지점으로 되돌아오고 만다는 사실이다.

바르트는 우리에게 강제되는 삶의 양식과 다른 삶의 양식을 형성하는 과제를 시간과 리듬의 문제로써 사유한다. 그는 여러 사람이 함께 살아가면서도 각자의 리듬을 침해하지 않는 삶의 틀은 무엇을 의미하는지 묻는다. 각자는 고유한 시간성을 지니고, 저마다의 욕망과 영역을 가진다. 고독을 갈망하는 순간이 있는가 하면, 만남을 원하는 때도 있다. 타인과의 거리와 친밀함을 어떤 방식으로 조율하고 싶은지 또한 서로 다르다. 그러나 바르트에게 사회 전체는 시간을 다루는 방식을 획일화하는 거대한 장치로 보인다. 어떤 리듬은 지배적인 것으로 승인되지만, 다른 리듬은 열등하거나 비정상적인 것으로 낙인찍혀 정당성을 부여받지 못한다. 그 결과 사회는 개인들을 다양한 리듬을 존중하지 않는 삶의 조직 방식 속으로 편입시키고 그 안에 종속시키는 구조로 나타난다.

바르트는 자신이 열망하는 삶의 "환상"을 '자기리듬성 idiorythmie'이라는 개념으로 규정한다. 사회로부터 벗어나 자신의 삶을 다시 발명한다는 것은 하나의 집합적 배치를 구상하는 일이다. 그 안에서 각자는 자기의 리듬으로 타인들과 함께 살아갈 수 있다. 그리고 고독의 순간이나 스스로 선택해 타인 앞에 모습을 드러내는 순간 사이에는 하나의 조화가 가능하다. 바르트에게 이러한 자기리듬적 삶의 욕망, 각자가 자기 시간으로 살고자 하는 삶의 환상은 가족 체계의 정반대 편에 놓인다.

창밖을 내다보니, 한 여인이 아이의 손을 잡은 채 텅 빈 유아차를 밀며 지나가고 있었다. 그녀는 한 치의 흐트러짐도 없이 자기 걸음의 박자에 맞춰 걸어갔고, 아이의 몸은 끌려가듯 흔들리며 거의 뛰다시피 따라붙어야 했다. 마치 채찍에 몰린 동물처럼, 혹은 사드의 소설 속 희생자처럼 보일 정도였다. 그 여인은 오직 자신의 리듬으로만 움직이고 있었고, 그 리듬이 아이의 리듬과 전혀 다르다는 사실을 조금도 의식하지 못하고 있었다. 그런데도, 그 여인은 바로 그의 어머니이다. 권력이란, 그리고 권력의 가장 미세한 작동 방식은 바로 이러한 리듬의 어긋남dysrythmie, 혹은

이질적 리듬을 통해 관철된다.[§]

"가족 체계"는 바르트가 열망하는 유토피아와 정확히 대척점에 놓인다. 그것은 자기 리듬에 타자의 리듬이 맞춰지기를 요구하는 체제다. 이 삶의 형식은 구조적으로 훼손적일 수밖에 없다. 서로 다른 개별자들에게 하나의 공동 거주 공간 안에서 삶을 전개하도록 강제하는 순간, 그 공간은 필연적으로 강력한 집단적 제약을 산출하기 때문이다. 바르트의 말대로, 가족은 "모든 자기 고립의 순간과 자기리듬적 삶의 가능성을 전적으로 차단한다".

내가 에두아르, 디디에와 더불어 형성해온 우정의 삶 속에서 가장 빈번히 직면한 사실은, 시간이야말로 삶을 규격화하는 가장 강력한 규율 원리로 작동한다는 점이었다. 특히 이러한 규율은 가족주의적 질서, 그리고 이른바 '가족-아침규범주의 le familialo-matinalisme'라 명명할 수 있는 관행을 매개로 더 선명하게 가시화되었다. 어느 해 우리 셋 가운데 한 사람이 한 연구소에 레지던스로 체류하던 시기의 일이다. 연구소 책임자는 자녀를 둔 구성원들의 편의를 위함

---

§   Roland Barthes, *Comment vivre ensemble*, Paris: Seuil, 2002, p. 39-40[롤랑 바르트, 『어떻게 더불어 살 것인가』, 김웅권 옮김, 동문선, 2004].

이라며 단 한 차례의 예외도 없이 모든 세미나를 반드시 오전 시간대에 배치해야 한다고 강변했다. 비록 그들이 수적으로는 소수에 불과했음에도, 그들은 타인의 시간 배치를 좌우할 수 있는 지배적 위치를 거의 자연스럽게 점유하고 있었다. 사실상 아침규범주의는 가족주의가 시간 질서의 형식으로 번역된 이름이라 할 수 있다. 학문 연구에 종사하는 이들뿐 아니라 기업 조직에 몸담은 이들 역시 회의, 세미나, 각종 약속이 관행적으로 오전 시간대에 집중 배치되는 제도적 배열과 반복적으로 대면한다. 아침은 이미 너무나 자명하고도 특권적인 시간으로 간주된다. 자녀를 둔 이들이 필연적으로 조기 기상을 전제로 하는 생활 리듬을 영위하며, 그 리듬을 타인에게까지 규범으로 확장하려 하기 때문이다. 가족중심적 삶의 형식으로부터 이탈한 다른 삶의 양식에 정당성을 부여하는 일은, 끝없이 반복되는 투쟁이며 본질적으로 상징투쟁의 성격을 지니는데, 이는 가족 질서에 결부된 시간 규율에 대한 저항이 대개 '변덕'으로 치부되기 때문이다. 실제로 디디에는 어느 해 한 학술대회의 기획 책임자와 격렬한 언쟁을 벌여야 했다. 그는 디디에가 오전 세션에 참석하지 않았다는 사실을 이해하지 못한 채, 격앙된 어조로 "당신은 오늘 아침에 없었잖아요!"라는 말을 되풀이하며 그를 추궁했다. 그러나 우리는 묻지 않을 수 없다. 만일 누군가가 저녁 세미나에 참석하지 못한 사유로 아이를 돌봐줄 사람을 찾지 못했다거나, 혹은 단지 "가족과 저녁 식사를 해야 한다"고 설명했다면, 그 기획자는 과연 동일한 방식으로 반응했을까.

타인의 시간을 먹어치우는 시간의 식인주의 논리가 더 이상 작동하지 않게 하는 사회적 조직은 과연 어떻게 가능할 것인가? 바르트가 사유의 핵심 문제로 삼은 지점이 바로 여기에 놓여 있다. 그는 세미나에서 다양한 자기리듬적 공동체의 실험적 사례를 언급한다. 그러나 그의 사유는 언제나 특정한 장소, 단절, 희소성의 이미지로부터 출발한다. 다시 말해 자신의 삶을 조직할 권한을 조금이라도 회복하기 위해서는, 각자가 원치 않는 타인과의 연계를 절단하고, 더 축소된 또 하나의 공동 거주 공간을 새롭게 구성해야 한다는 발상이 전제되어 있다. 그러나 이러한 이미지들에 기대어 사유를 시작하는 순간, 그는 필연적으로 하나의 모순에 직면한다. 그가 구상하는 유토피아적 장치들이 결국 스스로 벗어나고자 했던 사회적 구조들과 유사한 질서를, 다만 다른 규모에서 재구축해버릴 위험을 피하기 어렵기 때문이다. 이로 인해 바르트는 끊임없이 자기 자신에게 되묻게 되고, 그 물음은 그를 다시금 오래된 딜레마 속에 포획한다. 과연 사회적 리듬으로부터 벗어나면서도, 축소된 사회의 반복으로 되돌아가지 않을 수 있는가. 또한 자신의 삶이 훼손됨 없이, 그 리듬으로부터 자유로워질 수 있는가.

자기리듬적 삶을 향한 탐색은 언제나 두 가지 가능한 편향 사이를 오간다. 한쪽에는 은둔자가 있다. 그는 모든 연계를 스스로 끊어내고 자기 리듬대로 살아가지만, 그 삶은 결국 고독에 빠진다. 그리하여 사회 속에 작동하는 관계망의 압박이 낳는 불편함에 대해 관계의 빈곤화와 과도한 주변화로 응답하게 되고, 마침내는 자기 자신을 파괴로 몰아간다. 다른 한쪽에는 수도원이 있다. 그 안에서 여러 사람은 세계로부터 자신들을 절단하고 다른 방식으로 규율된 삶을 열망한다. 그러나 결국 그들은 삶 전체를 포괄하는 하나의 총체적 제도 속에 갇힌 포로가 되고 만다. 바르트는 이 두 과도한 형식 사이에서 어떤 지대를 찾고 있다고 말한다. 하나는 고독으로 인해 지나치게 부정적으로 되고, 다른 하나는 지나치게 통합적으로 되기 때문이다.

바르트는 자신의 글 전반에서 끊임없이 아포리아와 불가능성에 직면한다. 그는 주저하며 망설이고, 그가 검토하는 여러 공동체 모델은 끝내 언제나 그 자신을 반박하는 형식으로 되돌아온다. 더구나 그것들이 실제로는 전혀 매혹적이지 않다는 사실을 그 또한 분명히 의식하고 있다. 그러나 그가 끝내 성공적인 자기리듬적 공동체, 곧 다른 삶의 양식이 가능하다는 하나의 모형을 발견하지 못했다는 사실이, 곧장 대안적 삶은 불가능하다는 결론으로 이어져야 하는 것은 아니다. 오히려 그 실패는, 그의 자기 환상을 구성해주던 전제들 자체를 다시 묻게 만든다. 어쩌면 기존 삶의 질서에 대항하는 반문화적 정치는, 애초에 바르트가 설정한 전제들과는 다른 토대 위에서 전개되어야 하는 것이 아닐까? 그리고 그가 지적한 아포리아들, 곧 유토피아적 공동체가 불가피하게 마주치는 난점들 또한, 그가 공동체를 잉여, 장소, 폐쇄라는 틀로 사유한 데서 비롯된 것은 아닐까?

어쩌면 바르트의 실패는, 우리가 어떤 존재이며 우리가 어떤 권력들에 노출되어 있는가에 대한 진단 자체가 잘못되었기 때문일지도 모른다. 과연 우리 삶이 우리를 짓누를 만큼 너무 많은 관계의 끈에 예속되어 있다는 진단은 정확한가? 만일 사정이 정확히 그 반대라면 어떨까? 고통은 오히려 사회적 관계들과 우리가 수행하는 역할들이 지닌 정형화, 다시 말해 우리의 정체성과 우리가 경험할 수 있도록 허용되는 것들을 고착시키는 몇몇 경직된 틀, 특히 가정적 틀 속에 갇혀 있다는 사실에서 비롯되는 것은 아닐까? 그렇다면 다른 삶, 더 자유로운 삶을 발명한다는 문제는 관계를 줄이고 폐쇄적인 공간을 만드는 방식이 아니라, 관계의 증식과 경계의 해체, 그리고 틈의 확장을 중심으로 다시 사유해야 하는 것이 아닐까? 우리에게 상처를 입히는 것은 세상의 과도한 무게가 아니다. 실제로 우리를 훼손하는 것은, 우리 삶이 몇 가지 틀에 박힌 관계들, 곧 서로 대체 가능하고 단조롭기까지 한 관계들로 축소되어버리는 현실이다.

그리고 단조로움은 더 많은 단조로움으로는 결코 넘어설 수 없다. 권력이 행사되는 지점은 바로 제도화된 관계의 형식들, 그리고 그것들이 낳는 자기 축소와 관계망의 빈곤화, 나아가 고독이다. 그렇다면 일상의 관계 빈곤에 맞서기 위해 더 큰 빈곤을 내세우는 정치적 구상은 애초에 성립되기 어려운 것처럼 보인다.

우정을 삶의 양식으로 다듬어가는 일은, 여느 유토피아적 기획과 마찬가지로, 바깥을 향한 열망이 끝내 관류하는 실존적 실천이다. 곧 사회적 삶을 규정해온 규범적 형식들로부터 벗어나고자 하는 열망이다. 다만 여기서의 바깥은 각별한 뜻을 지닌다. 그것은 은둔도 아니고 고립도 아니며, 관계를 끊거나 문을 닫고 물러서는 퇴거의 상태도 아니다. 또한 외부성의 자리로 이동해 거기에 정주하는 단절의 제스저를 의미하지도 않는다. 오히려 우정은 사회로부터 비켜서는 하나의 방식일 수 있다. 가족이나 결혼 제도 같은 규범 장치들과, 그 장치들이 길러내는 지배적 성향으로부터 일정한 간격을 확보하되, 피하려 했던 사회적 형식을 축소된 규모로 반복하지 않는 방식 말이다. 우정은 샤를 푸리에에서 모니크 비티그에 이르는 여러 작가가 보여주었듯, 삶을 공동체적으로 조직하려는 기획의 형태를 취하지 않으면서도 다른 삶을 가능케 하는 거의 유일한 양태를 이룬다.

우정의 문화는 주어진 틀과 역할로 우리를 포획하려는

흡인 장치들에 맞서 대항적 힘으로 작동하며, 굳어버린 삶의 형식들에 대해 일정한 외부성을 유지할 수 있게 해준다. 그러나 목표는 단절에 있지 않다. 관계망의 결을 더 희박하게 만드는 데에도 있지 않다. 오히려 관계성을 더 촘촘하고 강도 높게 재구성하여, 한층 더 치밀한 관계 실천과 더 강렬한 문화를 만들어내는 데 있다. 그리고 그 관계성의 거울 앞에서야 비로소 사회가 거대한 수도원처럼 모습을 드러낸다. 이곳은 자기 자신과 타인에게 더 자율적인 또 하나의 관계를 생산해주는 장소다. 곧 자체의 목적성을 지닌 하나의 삶의 자리이면서도, 동시에 삶의 또 다른 방향을 구축하고, 타자와 정치, 또한 우리 세 사람에게는 글쓰기에 이르는 다른 유형들의 관계를 발명해내는 발원지로 기능하는 장소다. 이곳은 고립된 요새가 아니라 재출발을 준비하는 후방 기지다. 사회의 바깥은 실현 불가능한 대안 사회를 따로 건설하는 데서 주어지지 않는다. 그것은 오히려 또 다른 형태의 관계 실천을 발명하는 데에서 발견된다.

2장

우정적 주체

1

그러나 삶의 방식으로서의 우정은 결코 자명하거나 미리 주어진 실천이 아니다. 가족 관계와 부부 관계는 물론, 우리가 삶의 과정에서 맺는 대부분의 연약한 유대들 또한 그 속에는 그것들을 지지하는 사회적 장치들이 기입되어 있다. 동거, 혼인 계약, 직업적 네트워크, 또는 이웃 관계에서 비롯되는 공간적 근접성 등이 그 장치들이다. 그 결과 이러한 관계들은 일정한 안정성을 부여받고, 상당 부분 그 관계를 경험하는 주체들로부터 독립적으로 존속한다. 반면 아무런 제도적 지지에도 기대지 않는 순수한 우정의 유대는 취약하며, 그 관계의 끈은 쉽게 느슨해지거나 끊어질 수 있다. 이 관계는 오로지 그 자체로 성립하며, 따라서 날마다 새로 구성될 때에만 지속된다. 우정은 어떤 의미에서는 철저히 실존주의적인 삶의 형식이다. 그것은 스스로를 창조하고, 재창조라는 일상적 실천들로만 이루어지며, 그 실천들이 이어지는 연쇄를 통해서만 비로소 실재한다. 단 하루라도 친구를 향한 세심한 배려가 빠지는 순간, 우정은 곧 희미해지고 소멸로 기운다. 이로써 우정은 사회학적 차원에서도, 내면적 차원에서도 우리 각자에게 하나의 물음을 던진다. 제도적 뒷받침도, 의례적 구조도, 이미 굳어진 모형도 없이, 어떤 관계를 새로 발명하고 그것을 지속의 시간 속에 새겨넣는 조건은 과연 무엇인가? 친구를 잃는 일은 참으로 쉽다. 반면 많은 이가 말하듯, 배우자와의 결별이나 이혼은 지극히 어렵다. 부부 관계나 가족생활에서 벗어나는 일은 곤란하지만, 우정으로부터 물러서는 일은 상대적으로 손쉽다. 프로이트가 지적했듯이, 우정과 달리 가족적 유대는 그 관계를 성립시킨 애정의 감정이 소멸한 이후에도 장기간 유지될 수 있다. 이는 그러한 관계들의 목적이 상호 애정 이외의 기능들에 놓여 있기 때문이다. 우리는 더 이상 사랑하지 않는 사람과 계속 친구로 남아 있을 수는 없지만, 사랑이 사라진 뒤에도 부부 관계를 유지하는 일은 얼마든지 가능하다. 실제로 많은 사람은 사랑이 아니라 자녀, 재산, 생활의 안정과 같은 이유로 관계를 지속한다. 부부와 가족의 토대 및 존재 이유는 주관적 인상과는 달리 상호 애정에 있지 않다. 사랑이 존재하는 동안 그 현실성이 부정되는 것은 아니지만, 그 관계들을 떠받치는 기반은 오히려 그들이 수행하는 사회적 기능들에 달려 있다.

우정을 하나의 문화이자 삶의 양식으로 형성한다는 것은 하나의 윤리를 요청하며, 동시에 주체의 변형을 요구한다. 주체는 우정적 주체가 되기 위해 삶 속에서 일정한 방향을 선택해야 한다. 그 방향은 특정한 성향, 심리의 굴곡, 타자와 맺는 관계 방식 전체를 아우른다. 우정적 관계성은 일상의 전통적 생활 양식들 위에 단순히 **덧붙여지는 무엇**일 수 없다. 그것은 전혀 다른 방식의 삶이며, 그 전개는 필연적으로 다른 삶의 양식들에 투여되던 에너지와 관심의 일부를 대가로 치르게 만든다. 우정 관계는 언제나 소멸의 위험을 동반하며, 그 소멸은 때로 지나치게 빠르게 도래할 수 있다. 그러므로 우정이 지속되기 위해서는, 그 관계를 영위하는 이들이 일종의 수행에 참여해야 한다. 이는 곧 공간과 시간에 대한 자신의 방식을 재조정하여, 친구를 자신의 관심과 존재의 중심에 두도록 삶 전체를 다시 배열해야 함을 뜻한다. 우정적 주체란 하나의 **특정한 주체 유형**으로서, 우정 관계로 인해 산출되면서 동시에 그 우정 관계를 산출하는 존재다. 이로써 우정의 가능 조건들은 곧 우정이 낳는 효과이기도 하다.

2

우정적 관계성을 구축할 때 핵심적으로 문제가 되는 쟁점들 가운데 하나는, 무엇보다 근접성이다. 데리다가 아리스토텔레스에 주석을 달며 말하듯, 우정을 말한다는 것은 곧 근접성을 말하는 일이다. "현전과 근접성은 우정의 조건이며, 부재와 거리는 우정의 에너지를 소진시킨다. 잠들어 있거나 서로 떨어진 곳에서 살아가는 친구들은, 엄밀한 의미에서 우정을 실천하는 이들이 아니다. 우정의 힘은 현전, 곧 근접성에서 비롯된다. 부재와 거리가 우정을 즉각 파괴하지는 않더라도, 그것들은 우정을 희미하게 하거나 지치게 만든다. 아리스토텔레스가 인용한 속담은 이를 분명히 보여준다. 그에게 부재와 거리는 침묵과 같다. 서로 말할 수 없을 때, 친구들은 이미 떨어져 있는 것이다."[1] 우정은 서로를 직접 마주하고, 서로의 시야에서 멀어지지 않는 상태를 요구한다. 다시 말해, 서로를 만나기로 선택하고, 함

---

[1]　Jacques Derrida, *Politiques de l'amitié*, Paris, Galilée, 1994, p. 250.

께하는 시간을 의식적으로 마련하며 그 시간을 확장하려는 노력이 필요하다. 우정을 지키기 위해서는 친구를 만나는 일을 다른 모든 일에 앞서는 과제로 두어야 한다. 그래야만 서로가 지나치게 멀어지지 않을 수 있다. 이는 곧 친구를 위해 자신의 리듬과 시간표를 기꺼이 조정하는 일을 받아들이는 것이기도 하다.

디디에, 에두아르, 나는 각자 맡은 일들이 있고, 저마다의 초청과 일정을 소화하기 위해 정기적으로 이동해야 한다. 따라서 우리를 흩어지게 만들 수 있는 일종의 분산의 위험이 늘 우리 위에 드리워져 있으며, 셋 가운데 한 사람이 비교적 긴 시간 동안 다른 곳에 머물러야 할 때면 우리는 불안을 느끼곤 한다. 이때 우리 우정에서 핵심적인 실천 가운데 하나는, 서로의 일정표를 지속적으로 조율함으로써 분산의 위험을 사전에 차단하려는 노력이다. 가능하다면 우리는 피할 수 없는 잠재적 부재를, 오히려 함께 머무는 실제의 시간으로 전환하려 애쓴다. 그래서 각자의 해외 일정이 될 수 있는 한 같은 도시에서 겹치도록 맞추고, 사정이 허락하는 곳이라면 어느 도시에서든 서로를 만나 잠시라도 시간을 함께 보낼 방도를 꾸준히 모색한다.

우리의 삶을 서로 맞추어가는 이러한 실천은, 서로를 대하는 더 넓은 관계 양식의 한 표현이며, 나는 이를 가용성의 윤리라 부르고자 한다. 그것은 상대를 위해 시간을 조직

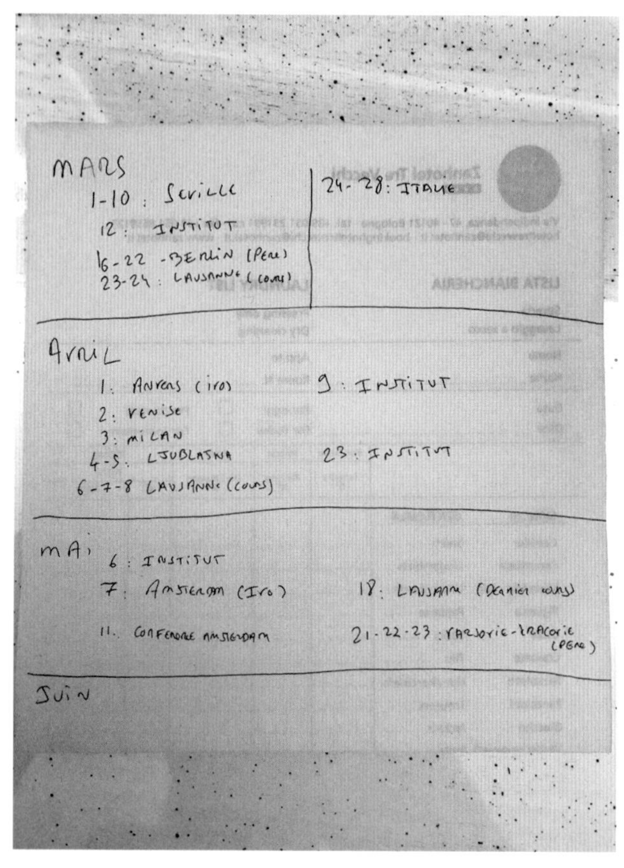

정기적으로 우리는 앞으로 몇 달간의 일정을 서로에게 공유한다. 그리고 여행 계획을 어떻게 맞출 수 있을지 방법을 모색하며, 오랫동안 떨어져 지내지 않기 위해, 나아가 가능하다면 함께 떠나기 위해 일정들을 세심하게 조율한다.

하고, 상대를 기준으로 자신의 시간을 다시 배열하며, 시간을 오로지 자기만의 소유로 간주하지 않고 타자를 위해 비워둘 수 있는 시간, 다시 말해 기꺼이 내어줄 수 있는 시간으로 구성하는 방식이다. 내가 우리 우정이 지속될 수 있었던 조건들을 설명하기 위해 부여한 이러한 형식화는, 어쩌면 의무적 규범처럼 들릴 수도 있다. 그러나 이러한 실천들은 규칙이라기보다, 서로와 함께 있고자 하는 기쁨, 타자에게 마음을 기울이고자 하는 즐거움, 그리고 그 즐거움을 더 풍성하게 하고자 하는 욕망이 켜켜이 축적되며 자연스럽게 습관으로 형성된 마음의 성향이다. 여기에 선택과 결정, 그리고 결의의 순간들이 존재했던 것은 분명하다. 그러나 그 결정들은 단 한 번도 해야만 하는 의무적 노력으로 체감된 적이 없다. 오히려 우리를 자연스럽게 움직이게 한 것은, 일종의 우정의 리비도^{libido amicalis}였다.

우정 관계는, 상대에게 자신을 언제든 내어줄 수 있는 존재, 곧 타자를 향해 항상 가용성을 유지하는 존재로 스스로를 사유할 때에만 비로소 성립된다. 이 관계의 토대는 상대가 필요로 하는 순간 언제든 일상의 흐름을 멈추고 응답할 수 있다는 상시적 가능성에 놓여 있다. 이 점에서 바르트가 말하는 '자기리듬성'은 우정의 실제적 조건이 아니며, 곧바로 우정의 실천으로 이행될 수 있는 원리도 아니다. 그의 세미나에서 이 말이 단 한 차례도 언급되지 않은 것 역시 우연이 아니다. 우리의 우정은 언제나 서로의 어려움과 고통을 자연스럽게 떠맡는 자리였고, 끊임없이 서로를 돌보는 관계이자 도움의 공간으로 기능해왔다. 누군가에게 필요하다면, 갑자기 일을 멈추거나 생활의 리듬과 일정 전체를 몇 시간, 며칠, 혹은 그보다 더 긴 기간 동안 조정하는 일은 무척이나 당연한 것으로 받아들여졌다. 나는 우리가 이러한 요구를 거의 극한까지 밀어붙여왔다고 느낀다. 아마 우리의 공유된 현재를 규정하는 핵심 가운데 하나는, 세 사람 모두가 언제나 서로를 위해 예민하게 깨어 있으며, 어떤 일이 생기면 즉시 달려갈 수 있는 상태로 살아왔다는 사실일 것이다. 응급실에 함께 가는 일, 나쁜 소식을 들은 친구를 곁에서 지지하는 일, 건강에 대한 염려가 생겼을 때 곁을 지키는 일, 더 나아가 상대가 감당하기 어려운 상황에서 벗어나도록 돕기 위해 해외로 떠나는 일에 이르기까지, 우리는 그러한 경험을 이미 여러 차례 공유해왔다.

2017년, 에두아르는 여러 작업에서 전반적인 정체 상태에 빠져 있었다. 글이 써지지 않았다. 그는 마치 마비에서 벗어나려는 듯이 온갖 시도를 거듭했지만, 어느 하나 제대로 작동하지 않았고, 모든 시도는 실패로 귀결되었다. 그는 점차 우울에 가까운 상태로 가라앉았으며, 불면에 시달리다 끝내 항불안제에까지 의존하게 되었다. 작가가 화면 앞에서 문장을 빚어내지 못한 채 마비와 헛된 폭주 사이를 오가며 겪는 특유의 정서적 침체에서 그를 벗어나게 하고, 다시 작업의 리듬을 회복하도록 돕고자, 디디에는 에두아르에게 문학과 창작, 동성애 등 여러 주제를 둘러싼 대담집을 함께 만들자고 제안했다. 에두아르는 그 제안을 받아들였고, 이후 며칠 동안 디디에는 하던 일을 멈춘 채 에두아르에게 전적으로 시간을 내주었다. 그해 2월은 추위가 살을 에는 듯한 혹한기였다. 디디에는 매일 이른 오후에 집을 나섰다. 차가운 공기를 가르며 걸어가, 때로는 크루아상이나 과일을 사들고 에두아르를 찾아가 몇 시간씩 그를 인터뷰했다.

나는 그 대담을 한 번도 들어본 적이 없다. 그것이 보존되었는지도 알지 못한다. 다만 분명한 것은, 그 대담의 주된 목적이 출판에 있지 않았다는 점이다. 설령 에두아르와 디디에가 자신들이 하는 일에 의미를 부여하기 위해 출간이라는 기획을 설정해두었더라도 말이다. 또한 나는 그때 디디에가 어떤 프로젝트에 깊이 몰입해 있었고, 하던 작업을 멈춘다는 게 훗날 그 원고로 돌아갔을 때 맞닥뜨릴 난관을 키우는 선택이 될 수 있다는 것을 잘 알고 있었다. 글 쓰는 사람이라면 누구나 안다. 한동안 손에서 놓아버린 원고로 되돌아가는 일이 얼마나 어려운지, 매일 맞서오던 그 원고가 살아 있는 물질에서 어느 순간 굳은 돌처럼 변해버리는 감각이 얼마나 무서운지를. 그럼에도 디디에에게는 에두아르를 도와야 한다는 사실이 자명했다. 무엇보다 그는 에두아르가 글쓰기의 문제를 지나치게 마음 깊이 받아들이며, 그것을 거의 개인적 비극처럼 감각한다는 점을 누구보다 잘 알고 있었기 때문이다. 우정이란 결국 타인과 그들의 고유성을 들을 줄 아는 능력이기도 하다. 며칠에 걸쳐 이어진 대담 끝에 에두아르는 마침내 무기력에서 벗어났다. 다시 글을 쓸 수 있게 되었고, 두 사람의 작업도 자연스레 막을 내렸다. 이윽고 그는 자전적 소설『누가 내 아버지를 죽였는가*Qui a tué mon père*』를 완성했다. 그리고 오늘날 소설을 각색한 연극을 볼 때면, 나는 종종 미완으로 남은 그 대담을 떠올리지 않을 수 없다. 차디찬 겨울 오후마다 이어졌던 두 사람의 긴 대화와 그 속에 깃들었던 우정의 돌봄과 자기 헌신, 그 모든 것이 결국 이 소설의 보이지 않는 토대를 이루고 있다는 사실을 말이다.

3

　우정적 유대가 지닌 존재론적 취약성, 사회적 세계가 친구들을 여기저기 흩어지게 만드는 거대한 분산 장치처럼 작동한다는 사실에 맞서기 위해, 디디에, 에두아르, 나는 해마다 우리 셋의 삶에 리듬을 부여하는 의례와 작은 축제 들로 한 해의 시간을 구획해왔다. 생일, LGBT 프라이드 퍼레이드, 몇몇 여름 축제 같은 시간의 표식들은 어느 순간 우리가 스스로 세운 하나의 기반이자 우리만의 자체 달력으로 기능했으며, 우정이라는 관계가 시간 속에 안정적으로 자리 잡고 지속되도록 해주는 외부 기준점이 되었다.

　우정은 하나의 약속을 중심으로 더 공고해지기도 했다. 이제 정확한 날짜는 기억나지 않지만, 아마도 2012년 겨울, 우리 셋이 점점 더 가까워지고, 무언가 깊고 오래 지속될 일이 우리 사이에서 움트고 있음을 서로 감지하던 무렵이었을 것이다. 몽파르나스의 지금은 사라진 한 레스토랑에서 저녁을 함께 하는데, 디디에가 이렇게 말했다. "우정의 근본 원리는 신의와 의리다." 아마도 디디에는 그를 배반할지도 모를 친구를 너무도 많이 겪어왔기 때문에, 그날 반은 농담이고 반은 엄숙한 어조로 그 순간의 현실을 또렷이 새기면서 동시에 그 현실로부터 한 걸음 물러선 듯한 거리감을 띤 채, 일종의 서약에 속하는 무엇인가를 공식화할 필요를 느꼈는지도 모른다. 그는 앞으로 도래할지 모를 불충의 가능성, 곧 미래의 불성실이 열어놓는 두려움을 미리 봉합하고자 했다. "우리 셋의 관계는, 우리가 결코 서로를 배반하지 않겠다고 서약할 때에만 가능하다."

일정의 동기화와 함께-있음의 실천, 가용성의 윤리, 그리고 결코 서로를 배반하지 않겠다는 서약, 곧 신의와 의리의 약속은, 사회적 세계가 우정 관계를 끊임없이 흩뜨리고 약화하는 방식으로 작동한다는 사실에 맞서 우리가 관계를 세우고 유지하기 위해 마련해온 실천의 기술들이었다. 우리는 이러한 기술들을 부리며 이 관계가 우리 일상 속에서 제자리를 차지하도록 했고, 더 나아가 이제는 우리가 자신을 규정하는 삶의 틀이자 우리 존재의 윤곽이 형성되는 내부의 준거가 되도록 만들었다. 바로 이러한 것들이야말로, 이 관계가 사회 바깥에서 하나의 다른 공간을 발명하는 발판이 되게 하는 가능 조건이다. 다시 말해 그것은 다른 삶의 방식을 만들어내는 반문화적 공간이며, 사회에 대항해 열리는 하나의 바깥이다.

3장

다르게 살기

1

우정이란 이미 마련된 삶의 양식이 아니라 스스로 세워가야 하는 하나의 실존적 방식이며, 자유 또한 저절로 주어지는 것이 아니라 일정한 실천을 통해서만 비로소 획득될 수 있는 것이라면, 그 이유는 상당 부분 우정이 사회적으로 비정형적인 성격을 띠기 때문이다. 그리고 비정형성의 근원에는, 우정이 삶과 생애 주기를 관통해온 전통적 배치와 어긋나 그 바깥에서 자기 자리를 확보한다는 사실이 정초한다. 다시 말해 우정은 그 배치의 핵심을 이루는 가족 질서와의 결별을 통해 자신의 위치를 형성한다.

이를 잘 보여주는 사례가 하나 있다. 우리는 매년 12월 24일, 함께 성탄 전야를 보낸다. 셋이 모여 크리스마스이브를 보내고 그 모습을 사진으로 찍어 친구들에게 보내거나 SNS에 올리면, '친구들과 함께' 크리스마스를 보낼 수 있다니 부럽다라는 메시지들이 숱하게 되돌아온다. 이 반복되는 반응은 늘 우리에게 질문을 불러일으킨다. 왜 많은 이가 우정을 삶의 중심에 두는 방식을 그토록 열망하면서도, 그것을 마치 실현할 수 없는 일처럼 여기는가? 단지 결정을 내리면 될 일이 아닌가? 그렇다면 그 결정을 가로막는 것은 무엇인가? 크리스마스나 이와 유사한 사회적 의례를 '친구들과' 보낼지 '가족과' 보낼지는, 삶의 중심에 우정을 둔 삶과, 고통을 감수하면서도 여전히 지배적인 가족주의를 반복하는 삶을 가르는 강력한 기준 가운데 하나일 것이다. 연휴가 다가오면 SNS에는 셀 수 없이 많은 하소연이 쏟아진다. 마음이 맞지 않는 친척과 다시 만나야 한다는 불만, 다음 날 새벽 일찍 아이를 억지로 깨워야 한다는 절망이 끝없이 올라온다. 도대체 어떤 장치들이 수많은 사람으로 하여금, 스스로 불만을 토로하면서도 그 삶의 방식을 끊임없이 되풀이하도록 만드는가? 그리고 우정을 삶의 방식으로 삼고자 하는 욕망, 어쩌면 많은 이에게 하나의 강렬한 환상일지도 모를 그 욕망이, 동시에 실현 불가능한 가능성으로 마음 깊숙이 각인되도록 작동하는 이유는 무엇인가?

에두아르와 디디에와 함께 크리스마스를 기념할 때, 어쩌면 우리는 그날을 함께 보낸다는 사실 자체를 축하하고 있는 셈이다. 그것은 사회적 세계를 지배하는 통상적 논리에 맞서 작은 쾌거 하나를 거두고, 무엇인가를 되찾아온 듯한 감각을 준다. 예전에 에두아르가 들려준 이야기가 생각난다. 그가 어머니에게 처음으로 "올해는 크리스마스를 가족과 함께 보내지 않겠다"라고 말했을 때, 자신 안에 떠오른 것은 규범 위반과 해방의 감각이었다. 그 선택은 그의 삶에서 하나의 단절이자 전환으로 작용했다. 그 순간은 어쩐지 시몬 드 보부아르가 『제2의 성』에서 회고하는 한 장면을 연상케 한다. 보부아르는 어느 날, 태어난 뒤 줄곧 매주 함께해오던 가족 미사를 더는 따르지 않겠다고 결심한다. 그 결단이 그녀에게 그러했듯, 에두아르에게도 그것은 자기 삶의 질서를 스스로 다시 쓰는 사건이었다.

2

우정을 삶의 양식으로 삼는 것과, 가족을 삶의 양식으로 삼는 것 사이의 관계는 쉽게 서술되지 않는다. 정치적·실존적 차원에서 두 존재 방식은 급진적으로 대립하는 듯 보이지만, 실제로는 어느 쪽이 다른 한쪽에 맞서 자신을 규정하는지 명확히 가려내기 어렵다. 그래서 두 형식의 관계를 정확히 묘사할 적절한 어휘를 찾는 일 또한 쉽지 않다.

어떤 의미에서는, 무엇보다 가족적 삶을 하나의 주어진 것으로 상정하고 우정의 실천을 그에 대한 대항으로 정의하려는 모든 어휘와 단절하는 일이 중요해 보인다. 그렇게 말하는 순간 우정은 곧, 아이도 가족도 원하지 않는 사람들, 혹은 그런 삶의 조건들에 접근하지 못한 사람들이 선택하는 대안적 존재 방식으로 축소되기 쉽다. 그러나 현실은 그렇지 않다. 가령 독신이거나 자녀가 없다고 해서 자동으로 우정적 삶의 양식으로 들어서는 것은 아니다. 이 사실은 우정적 삶의 양식이 어떤 결핍을 메우는 부정적 선택이라기보다, 오히려 스스로의 규범과 형식을 지닌 자율적 문화에 가깝다는 점을 보여준다.

나는 디디에가 『게이 문제에 관한 성찰*Réflexions sur la ques-*

tion gay』에서 특유의 게이적 멜랑콜리에 관해 말하자고 제안한 것이 언제나 인상 깊었다. 그는 그 멜랑콜리가 그들 세계 속의 관계를 구조화하며, 그 기원은 그들이 자신의 삶을 살아가려면 어느 시점에선가, 그리고 적어도 잠정적으로는, 가족적 삶과 가족 질서 안으로의 통합을 애도해야만 한다는 사실에 있다고 보았다. 이는 개인적인 감정보다, 결혼과 친족 질서에 편입될 권리가 얼마나 강렬한 사회적 요구로 표출되었는지를 바탕으로 한, 좀더 일반적인 사회학적 진단에 가깝다. 그러나 오히려 가족적 삶이야말로, 우정 관계들과 그것들이 열어주는 경험들에 대한 애도를 바탕으로 세워지는 것은 아닌지 되묻게 된다. 청년기와 학창 시절은 우정적 관계성이 삶을 강하게 규정하는 시기이며, 동시에 가족적 삶에 진입하기 이전의 시간이다. 부모의 역할을 맡기 위해서는 그 시기를 포기해야 하고, 그런 점에서 전통적 삶의 형식이야말로 오히려 단절의 행위, 곧 자신으로부터의 강제적 분리를 요구한다. 그리고 그 단절은 종종 몇 해 전 스스로에게 했던 약속들을 부인하는 과정과 함께 일어난다. 우리는 많은 이가 삶을 되돌아볼 때, 과연 옳은 선택을 했는지 스스로에게 물으며 깊은 슬픔에 잠긴다는 사실을 알고 있다. 그리고 마침내 이것이 결국 자신의 삶이 되어버렸으며 이제는 되돌릴 수 없다고, 체념하듯 생각하게 된다는 사실 또한 알고 있다.

그러나 동시에, 이러한 분석적 관점과는 달리, 우리가 각자의 삶을 살아가는 세계에서는 부모가 된다는 일이 너무나 자연스럽게 받아들여진다는 사실을 부정할 수 없다. 그것은 타인들이 기대하는 바이며, 우리 자신도 어느 정도 따르도록 요구받는 하나의 자아상으로 작동한다. 만약 이 규범을 따르고 싶지 않다면, 우리는 그에 맞서 저항해야 한다. 나 역시 스물네 살이나 스물다섯 살 무렵, 문득 자녀를 갖는 일을 떠올린 적이 있다. 그것은 뚜렷한 계획이라기보다 바깥으로부터 스며든 막연한 열망이었고, 때로 입에 올리곤 하던 잠재적 욕망이었으며, 외부에서 밀려와 나를 흔드는 정서에 가까웠다. 나 역시 그 가능성을 두고 한동안 숙고하던 시기를 보냈다. 그러나 지금 돌이켜보면, 그때의 유혹은 일종의 심리적 조작, 곧 외부 세계가 내 의식과 신체에 가하려 했던 하나의 탈취 시도였다는 생각이 든다. 당시 나는 이 문제를 디디에와 상의했다. 그는 내가 자녀를 갖게 된다면, 그 아이는 결국 나 혼자의 책임으로 귀속될 것이며 그 자신은 계획의 외부에 머무를 수밖에 없음을 분명히 했다. 그리고 그렇게 된다면 그것은 우리 이야기의 종결, 혹은 적어도 우리가 함께 영위해온 삶의 양식의 종언으로 이어질 것임도 명확히 했다. 말을 들은 뒤, 나는 마침내 그 생각을 내려놓았고, 끝내 그 가능성을 포기했다. 이제 나는 확신한다. 디디에는 나를 기계적으로 가족의 질서 안으로 끌어들이려는 힘에 맞서, 하나의 대항적 존재로서 나를 구해주었다. 그 덕분에 나는 더 강렬하고 더 행복한 삶을 살아낼 수 있었다. 만약 그가 없었다면, 나는 어쩌면 스스로를 봉쇄하는 또 하나의 삶 속으로 미끄러져 들어가고 말았을지도 모른다. 그러나 만약 디디에가 없었고, 그를 둘러싼 사람들도 달랐다면, 과연 어떤 일이 벌어졌을까? 우리는 덧없는 욕망 하나가 얼마나 빠르게 마음속에 스며들어 지속적 욕망의 형식으로 자리 잡고, 나아가 실현된 욕망으로까지 이행할 수 있는지를 잘 알고 있다. 특히 그 욕망이 주변 사람들에 의해 자연스러운 욕망으로 승인되고, 격려받고, 부추김을 받을 때, 그 속도는 더 빨라진다. 이 사실은 우리가 어떤 사람을 만나고, 어떤 관계를 가꾸기로 스스로 결정하는지가 얼마나 결정적이며 중대한 문제인지를 분명히 보여 준다. 디디에가 아닌 다른 누군가를 가까이 두었다면, 스쳐 지나가는 하나의 거짓 욕망이 어느새 진짜 욕망처럼 내 안에 자리 잡아, 끝내 내 삶을 영영 다른 방향으로 틀어놓았을지도 모른다.

우리 사회에서 각자의 삶은 정상적이라면 언젠가 가족생활로 들어서야 하고, 개인의 전기는 결국 그 규범을 기준으로 짜여야 한다는 주관적 관념은 매우 강력한 심리적 구속력을 발휘한다. 이러한 표상은 삶의 구조 자체가 일정한 순환적 질서에 따라 조직되는 현실에 의해 한층 더 강화된다. 젊은 시기를 지배하던 우정 중심의 삶은 어느 순간 가정 내부에서 전개되는 가족생활에 자리를 내주기 마련이다. 처음에는 우정적 유대의 문화와 친구들을 중심으로 한 삶의 조직이 우세하지만, 이내 직업적 요구와 가족적 유대가 그것을 앞선다. 물론 몇몇 정서적 관계는 남아 지속되기도 한다. 그러나 그 관계들마저 대개 직장, 이웃, 가정이라는 일상의 테두리 안으로 흡수된다. 우리는 이제 직장이나 이웃에서 친구들을 만나고, 집 안팎에서 이따금 그들을 본다. 그리고 바로 이 지점에서 삶의 무게중심은 물 흐르듯 가족생활로 이동한다.

삶을 순환적 질서로 조직하는 이러한 방식, 그리고 우정을 진지한 삶, 곧 성인기의 삶에 진입하기 이전의 한 국면으로만 배정해버리는 지배적 규범은 한 가지 사실을 명확히 드러낸다. 우리 사회가 특정한 심리적 경제에 의해 통치되고 있다는 점. 이 경제 속에서 창조적 관계의 발명들, 다시 말해 삶의 다른 틀들로부터 자율적인 관계들은, 설령 그 강도가 가장 고조되는 순간에 이르렀다 하더라도 대개 잠정적인 것으로, 결국 소멸할 것으로 체험되고 감각된다. 마치 친구란 언제든 버릴 수 있고, 필요하다면 희생시킬 수도 있는 사람인 양 말이다. 언젠가 반드시 '진짜 삶', 즉 부부적·가족적 삶에 들어서야 한다는 믿음이 이러한 체험의 바탕을 이루고 있기 때문이다. 패티 스미스의 『저스트 키즈』

는 이 참혹하고도 우울한 논리가 실제로 어떻게 작동하는 지를 확인하게 해준다. 책에서 스미스는 로버트 메이플소 프와의 관계를 서술한다. 책의 앞부분 대부분은 두 사람이 뉴욕에서 함께 살기 시작하며 창작을 꿈꾸던 시절에 할애 되어 있다. 서로를 격려하던 시간, 아직 세상으로부터 어떤 인정의 신호도 받지 못한 예술적 시도에 뒤따르기 마련인 자기 탐닉, 첫 성공, 재정적 곤궁, 늘 붙어 지내는 일상, 그리고 작은 호텔방에서도 나란히 잠들던 순간 들까지, 그들의 삶은 세밀하게 그려진다. 그러나 책의 후반부로 갈수록, 그 관계가 얼마나 갑작스럽게 단절되는지가 드러난다. 어느 날 그녀는 떠난다. 떠나기로 결심한 뒤 메이플소프를 남겨둔 채 뉴욕을 벗어나, 남편과 함께 아이를 낳고 조용한 곳에서 살아가기 위해 이사를 감행한다. 그리고 스미스는 이 관계의 종말을 놀라울 만큼 담담하게, 마치 자연스러운 귀결인 양 서술한다. 수백 쪽에 걸쳐 메이플소프와 함께했던 삶을 묘사한 뒤, 이 결별에 대해서는 단 몇 줄만을 할애하는 것이다. 그것은 부끄러움 때문일 수도 있다. 그러나 어쩌면 더 슬픈 이유는, 그녀에게 그 선택이 너무나 자명하고 문제될 것 없는 것으로 보였기 때문인지도 모른다. 처음부터 우정은 잠정적인 것이며 언젠가 사라질 운명이라는 점, 그리고 가족의 삶이 결국 우정의 삶을 압도하게 되리라는 전제가 이미 깔려 있었던 듯하다. 이 이야기는 아무리 강렬한 우정이라 해도, 결국 어떤 순간, 곧 잠시 열렸다 닫히는 괄호 속의 에피소드로 이해될 수 있음을 보여준다. 제목인 'Just Kids(그냥 애들일 뿐)'가 암시하듯, 그녀는 그 관계를 인생의 한때로만 받아들인다. 특히 그녀가 이성애 여성이고 그가 게이 남성이라는 점은 결코 가볍게 여길 요소가 아니다. 바로 그렇기에 기존의 삶의 틀을 벗어나 창조된 새로운 관계 형식들이 가족이라는 운명적 질서와 아이의 도래가 만들어내는 균열 앞에서 지속되기 어려운 터이니.

3

　모든 사회는 관계망을 조절하는 일종의 정치경제적 질서를 지닌다. 그리고 우리 사회의 특징 하나는 비가족적 관계들이 언제나 부차화될 뿐 아니라, 상징적으로까지 격하된다는 것이다. 이러한 관계들은 늘 부속물처럼 취급되며 제도적 지지 없이 전개된다. 더구나 국가가 떠받치는 가족주의와 사람들의 습관적 반응 속에 깊이 스며든 가족주의적 사고방식에 맞서, 상시적인 마찰과 긴장을 감수해야 하는 환경에서야 겨우 성립되고 유지된다. 가족 정책이 존재한다는 사실, 가족수당이나 가족 감면 제도가 마련되어 있다는 사실만 떠올려보아도 충분하다. 그러나 우정에는 이에 상응하는 지원도 감면도 없다. 또한 공공 부문에서는 배우자의 근무지나 거주지를 맞추기 위한 조정, 이른바 근접 배치를 제도적으로 허용하면서도, 친구 사이의 근접 배치는 거의 상정하지 않는다. 더 나아가 가족 밖으로 재산을 이전하는 일을 엄격히 제한하는 규정들, 나아가 재산 일부를 사실상 가족에게만 남기도록 요구하는 규범들까지 존재한다.

　이러한 국가적 가족 관계 장려 장치들, 심지어 사후의 유산 승계에 이르는 제반의 제도들은, 필연적으로 다른 형태의 관계들을 가치 절하하고 그 존속을 불안정하게 만드는 토대 위에서 성립된다. 이로써 가족이 아닌 관계들은 상징적 차원에서도 덜 중요하고, 덜 핵심적이며, 덜 생명력 있는 것으로 취급된다. 이처럼 정치적으로 주변화된 비제도적 삶의 양식들은 학문적 차원에서도 마찬가지로 평가절하되어왔다. 에밀 뒤르켐이나 피에르 부르디외와 같은 사회학자들은 사회 이론을 정교하게 구축했으나, 우정 이론을 수립하지는 않았다. 뒤르켐은 개인이 속하는 다양한 집단을 논하면서 가족, 조국, 정치 집단, 인류를 언급하지만, 친구들에 대해서는 언급하지 않는다. 그의 저술에서 우정의 서클은 사회학자의 시야에서 보이지 않는 어떤 은밀하고 비가시적인 사회, 곧 인식론적으로 은폐된 공동체에 가까운 것으로 남는다.[*]

이러한 상징적 가치의 절하는 평소에는 비교적 잠재적이고 암묵적인 방식으로 작동해왔다. 그러나 2020년 3월 이후 코로나19가 확산되고, 그에 따라 전 세계적으로 봉쇄 정책이 시행되면서, 그 잔혹한 실체는 적나라하게 드러났다. 이 책을 쓰고자 하는 욕망이 바로 그 시기에 형성된 것

---

[*]　Émile Durkheim, *L'Éducation morale*, Paris, PUF, 1963, p. 62[에밀 뒤르켐, 『도덕 교육』, 민혜숙·노현종 옮김, 이른비, 2024].

역시 결코 우연이 아닐 것이다. 이 책은 본질적으로 통치자들의 사유 속에 각인된 가족주의에 대한 반란이며, 그 가족주의를 무비판적으로 내면화해온 사회 전체에 대한 저항이다. 더 나아가 제도 밖의 친밀 관계가 심리적으로 주변화될 때 초래될 수 있는 정치적 위험을 경고하는 작업이기도 하다.

2020년에서 2022년에 이르는 시기는, 전 세계적으로 우리가 타인과 맺는 관계 형식들이 근본적으로 재편되던 때였다. 일부 관계는 필수적이라는 명목 아래 유지되었지만, 다른 관계들은 불필요한 것, 심지어 위험한 것으로 분류되었다. 다시 말해, 가족적·부모적·가정적 관계처럼 본질적이고 자연적인 관계들이 있다면, 그 밖의 관계들은 부차적인 것으로 분류된다. 그리고 그 관계들은 불안을 유발하는 것으로까지 체험되면서, "국가의 건강"이 요구하면 언제든 중단되거나 거리를 두어야 하는 것으로 간주된다. 마치 그러한 관계들이 정당한 것으로 인정받기는커녕 늘 조건부로 허용되는 것처럼 말이다. 여기서 말하려는 바는, 코로나19의 유행에 맞서 방역 조치를 취하지 말았어야 했다는 게 아니다. 다만 모든 행정 조치는 언제나 사회적·정치적 무의식에 의해 형성되며, 그 무의식이 조치의 내용뿐 아니라 시행 방식 자체까지 규정한다. 어쩌면 방역 조치가 극도로 신속하게, 그리고 급박한 상황 속에서 마련되어야 했다는 사실 자체가, 이러한 무의식의 작동을 관찰할 수 있는 하나의 실험장을 열어주었는지도 모른다. 그 안에서 사회의 근원적 충동들은 거의 여과 없이 자연스럽게 표출됐다. 예컨대 2020년 성탄 전야, 베를린은 한자리에 모일 수 있는 인원수를 제한하면서 전제 조건으로 "직계 친족"이라는 개념을 택했다. 한편 프랑스에서는 2020년 12월 31일, 친구들과 함께 보내는 연말 축제에는 통행금지가 내려졌지만, 12월 24일의 가족 성탄 전야에는 같은 조치가 적용되지 않았다. 이는 가족적 모임이 보호되어야 할 것으로 간주된 반면, 우정의 모임은 삭제 가능한 것으로 처리되었음을 보여준다. 2020년과 2021년에 시행된 봉쇄 정책의 양상은, 제도화되지 않은 비가족적 삶의 형식들이 얼마나 손쉽게 비합법화되고 비정상적인 것으로 분류될 수 있는지를 여실히 드러냈다. 어떤 접촉은 허용하고 다른 접촉은 금지함으로써, 우리 각자가 타인들과 맺고 있는 유대들을 지배적으로 규정하는 심리적 인식틀이 무엇인지가 드러난 것이다. 어떤 이는 아이를 보기 위해 나라 전체를 횡단할 수 있었지만, 길하나를 건너 친구를 만나러 가는 일은 금지되었다. 아이와 부모, 조부모로 구성된 가족은 여덟 명이 한집에 함께 지내는 것이 허용되었지만, 함께 살지 않는 두 명의 친구나 연인은 비록 그들 나름의 작은 생활 단위를 이루고 있더라도 만나는 것이 금지되었다. 그들 사이에는 경찰이 놓였다.

디디에와 에두아르, 나 사이의 관계, 곧 우리가 이루는
이 결속은 다른 수많은 관계와 마찬가지로 코로나19의 정
치적 관리에 맞서 존속하기 위해 오직 매일같이 강요된 규
칙들을 거부하는 일, 다시 말해 일종의 불법 상태로 진입하
고 그에 따르는 지속적인 단속의 공포를 감내하는 일을 통
해서만 가능했다. 서로 다른 시간에 서명된 여러 장의 이동
확인서를 주머니에 넣고 다니기, 각종 구실을 꾸며내기, 밤
에 골목길을 돌아다니기와 같은 행위들이 바로 그것이었
다. 리오 버사니는 『호모스*Homos*』에서 게이 관계성의 반사
회적 차원을 논한 바 있다. 그러나 이 시기가 드러낸 것은
오히려 그 반대였다. 제도화된 사회적 관계성 자체가 이미
하나의 반게이적 차원을 내포하고 있었다. 사회의 "건강"을
위한다는 명목 아래, 가족적이지도 가정적이지도 않은 관
계적 결속들은, 언제든 중단되어도 좋고 불안정해져도 좋
으며, 더 나아가 파괴되어도 무방한 것으로 여겨졌다. 마치
그런 관계들은 사회의 일부가 아니며, '사회'가 계속 존속하
기 위해서는 오히려 소거되어야 할 요소처럼 취급되었다.

개인의 심리적 차원에서든 집단적 정치의 차원에서든, 가족적 삶과 우정적 관계성 사이의 관계는 본질적으로 복합적이다. 양자 사이에 단일한 방향성을 설정하거나, 어느 한쪽을 선행 항으로, 다른 한쪽을 그에 대한 반작용으로 규정하는 일은 가능하지 않다. 그럼에도 삶을 분석하기 위해 필요한 인식은 어쩌면 단순하다. 우리는 언제나 서로 다른 삶의 양식들 앞에 놓여 있으며, 그 양식들은 상반된 세계관과 관계 방식을 산출하는 여러 가능성으로 이루어져 있다. 그리고 그 가운데 일부는 점차 우리 존재의 일부가 되어, 타자와 관계 맺는 과정과 시간·공간 속에서 자신을 배치하고 투사하는 방식을 형성해간다.

미셸 푸코는 우정에 관한 한 인터뷰에서 "삶의 양식"을 하나의 분석 범주로 취급할 수 있다고 했다. 이는 삶의 양식이 사회적 계급이나 연령과 마찬가지로, 개인을 분류하고 성격화하는 기준으로 기능할 수 있음을 뜻한다. 이러한 범주는 개인의 근본적 성향을 포착하는 동시에, 그들이 세계를 향해 어떤 방향으로 기울어 있는지를 드러낸다. 더 나아가 사회적 공간 속에서 개인들 사이의 거리와 친밀성이 잠재적으로 혹은 현실적으로 형성되도록 작용한다. 따라서 '삶의 양식'은 전통적 사회학적 변수들과 병렬될 수 있는, 하나의 유효한 분석 단위로 이해될 수 있다.

계급, 직업, 문화적 수준의 차이에서 비롯되는 기존의 분류 방식만으로는 설명되지 않는 또 하나의 분화가 필요하다고 말할 수 있지 않은가. 관계의 한 형식으로서 작동하는 또 다른 분화, 이를테면 "삶의 양식"이라 부를 수 있는 분화가 그것이다. 삶의 양식은 연령, 지위, 사회적 활동이 서로 다른 개인들 사이에서도 공유될 수 있으며, 제도적으로 규정된 어떤 관계 형식과도 닮지 않은 강렬한 관계를 산출할 수 있다. 더 나아가 나는 삶의 양식 자체가 하나의 문화이자 하나의 윤리를 형성할 수도 있다고 본다.[†]

이 인용문을 읽으면서, 나는 우리 세 사람이 자녀를 갖기로 선택한 게이·레즈비언들보다 자녀를 두지 않은 이성애자들과 더 빈번하게 교류해왔다는 사실을 알아차렸다. 그들 중에는 우리와 나이가 크게 차이 나는 이들도 있었을

[†]   Michel Foucault, "De l'amitié comme mode de vie", *Dits et Écrits*, t. II, Quarto, Paris, Gallimard, 2001, p. 984.

것이다. 즉 이는 자녀를 두었는가의 여부가 그 자체로 결정적인 함의를 지니며, 우리가 더 중요하다고 여겼을 법한 성적 지향 같은 요인들보다 오히려 더 강력한 관계적 인접성을 형성하는 요인으로 작동했음을 나타낸다. 더 나아가, 디디에와 에두아르, 그리고 나는 가까이 지내던 이들이 자녀를 갖게 되었을 때 그 관계들을 상실하기도 했다. 잠재적으로는 새로운 관계가 형성될 가능성도 존재했으나, 결과적으로 그러한 관계로 이행되지 못한 적 역시 있었다.

이러한 현실은 결혼과 가족생활에 통상 따라붙는 물질적 제약, 곧 교외나 소도시로의 이주, 외출과 양립하기 어려운 생활 시간표, 피로, 조기 귀가의 의무, 자유 시간의 결여 같은 사정들만으로는 설명되지 않는다. 가족생활로의 진입과 부모라는 정체성의 수용은 심리적 전환과 삶에 대한 새로운 방향성, 다시 말해 일종의 내적 재구성을 수반한다. 그리고 바로 이 내적 재구성이 개인을 우정적 관계성과 그에 수반되는 가치들로부터, 되돌리기 어려울 만큼 멀어지게 만든다.

5

전통적으로 가족에 대한 정치적 비판은, 가족 질서가 개인의 정신에 미치는 영향을 논함에 있어 아동 교육을 출발점으로 삼아왔다. 빌헬름 라이히와 막스 호르크하이머는 가족 내부에서 이루어지는 사회화가 권위주의적이며, 나아가 파시즘적 색채를 띤 심리적 성향을 형성한다고 주장한 바 있다. 그리고 이러한 사회화는 지배 구조의 재생산과 본질적으로 결부되어 있다. 라이히는 『성혁명』에서 "보수주의 이데올로기의 분위기가 배양되는 주요한 장소는 권위주의적 가족이다"라고 단언한다. 모든 인간은 가족이라는 관계 형식을 경유한다. 그런데 바로 이 가속이 "아이를 반동적 이데올로기 속에서 길러낸다". 가족은 복종과 힘의 인정, 순종의 태도를 주입하며, 이러한 "예속적 구조"의 효과는 그것을 경험한 사람들을 민주적 삶에 "대체로 부적합한 존재"로 만들어버린다.[†] 가족적 삶의 양식과 우정적 삶의 양식을

[†]　Wilhem Reich, op. cit., pp. 132, 141. 오늘날 좌파 내부에서도 거의 논의되지 않는 이러한 분석을 연장해보면, 우리가 살아가는 정치 체제들 자체가 근본적인 모순을 품고 있는 것은 아닌지 묻게 된다. 즉 그 체제들이

구분해 이해하려면, 아동 교육을 두고 가족 질서를 대립적으로 설명해온 전통적 분석만으로는 충분하지 않다. 여기에 더해 성인이 가족생활로 들어설 때, 혹은 그 진입을 지향하기 시작할 때, 부모 혹은 예비 부모가 겪는 정신적 변화와 신체적 변화까지 함께 검토할 필요가 있다.

일상의 삶이 개인에게 미치는 영향은, 의식이 물질적 조건에 의해 규정된다는 사회학적 명제를 통해 해석될 수 있다. 에밀 뒤르켐의 사유는, 개인을 어떤 집단에서든 동일한 특성을 유지하는, 주어진 존재로 간주하는 단순한 자발주의적 관점에 맞선다. 그 관점은 자기와 그 특성, 잠재력, 더 나아가 개인이 무엇을 욕망하는지까지도 이미 정해진

스스로 정초한다고 주장하는 가치들과는 상반되는 성향들을, 그리고 그것은 개인의 내면에 동시에 각인시키는 구조들을 오히려 장려하고 있는 것은 아닌가 하는 물음이 제기되는 것이다. 데리다는 『우정의 정치학』에서, 이미 아리스토텔레스가 삶의 형태와 정치 형태 사이에 대응 관계를 설정하고 있었음을 상기시킨다. 관계 맺기의 양식은 정치 사회의 유형과 긴밀히 맞물리며, 폭정은 가족으로부터, 민주정은 우정으로부터 파생된다는 것이다. 전자는 권위, 힘의 자연화, 자의적 지배와 결부되는 반면, 후자는 상호성, 합의, 계약에 기초한 관계 양식을 포함한다. 이 두 삶의 구도, 곧 두 가지 존재 방식은 그것들이 사회 전체에서 차지하는 비중과 전개 양상에 따라 정치 질서 전반에 구조적 영향을 미친다. 데리다는 이러한 분석을 통해 자연적 권위에 대한 비판을 바탕으로, 상호성에 기초한 사회를 지향하는 하나의 정치적 과제를 도출한다. "정치의 과업, 정치 고유의 행위와 작용은 가능한 한 많은 우정을 만들어내는 데 있다." 더 나아가 그는 "정치는 우정의 진전 속에서 그 과업을 완수한다"라고 덧붙인다.

것으로 상정한다. 그러나 실제로는 그 반대가 성립된다. 개인의 정신은 '자기soi'가 다양하고 다수의 집단 속에서 펼쳐질수록 더 다층화되며 동시에 더 개별화된다. 개인화는 하나의 과정이자 성취로 이해될 수 있으며, 개인이 점차 더 크고 다양한 집단들 속으로 진입하고 성장할수록 강화되는 경향을 보인다. 이와 관련해 일종의 계량적 관점을 도입할 필요가 있다. 곧 한 개인이 접촉하는 집단의 수가 늘어날수록 그의 정신적 공간은 확장되고, 고유한 개별성 또한 더 발달할 수 있다. 반대로 집단 경험이 제한될수록 의식의 개별성은 축소된다. 뒤르켐은『도덕 교육』에서 사람이라는 개념에 접근하는 능력 자체마저 사회학적으로 사유할 것을 촉구한다. 그는 다음과 같이 말한다. "인간은 단순히 스스로를 억제하는 존재가 아니라, 관념과 감정, 습관과 경향 들의 체계이며, 일정한 내용을 지닌 하나의 의식이다. 그리고 이러한 내용이 풍부할수록 우리는 더 온전한 사람이 된다."[§] 그의 관점을 따른다면, 삶의 정치는 무엇이 우리를 확장시키고 무엇이 우리를 훼손하는지, 무엇이 우리를 다층화하고 무엇이 우리를 단순화하는지, 무엇이 삶을 지지하고 무엇이 삶을 해치는지를 끊임없이 숙고하도록 요구한다. 여기

(다르게 살기)

---

§   Émile Durkheim, op cit., p. 62.

서 말하는 해악은 단지 죽음만을 뜻하지 않는다. 그것은 마비와 침체의 형태로도 나타날 수 있다. 그렇다면 사회학적 관점에서, 가족생활로의 진입은 개인의 인격과 자기를 축소하고 정형화시키는 과정으로 문제화될 수 있지 않은가? 이 삶의 양식은 우리가 지닌 가능성을 '얼어붙게' 만들고, 이미 채택한 정체성을 고착시키며, 나아가 우리가 느끼는 감정들마저 일정한 형식으로 고정시키는 것은 아닐까. 아니 에르노는 가사노동에 묶인 기혼 여성의 상태를 **얼어붙은 여자**La Femme gelée라고 명명한 바 있다.

전통적 부모의 역할 속에 자신을 위치시키는 일은 거의 예외 없이 정신적 에너지의 방향을 가정과 사적 영역으로 돌려놓는다. 이를 달리 말할 방법은 없으며, 결국 후퇴와 축소라 부를 수밖에 없다. 사회학은 결혼과 첫 자녀의 탄생 이후 개인이 삶에서 맺는 관계 양상이 급격히 변화한다는 사실을 다수의 실증 연구를 통해 반복적으로 드러내왔다. 예컨대 "18세에서 35세 사이의 남성은 평균적으로 연간 212회 지인과 함께 외출하는 반면, 결혼 이후부터는 35세 이전까지가 연간 58회, 36세부터 60세 사이는 36회만 외출한다".[1] 가족생활로 삶의 중심이 옮겨갈 때 달라지는 것은

---

[1]　Claire Bidart, *L'Amitié. Un lien social*, Paris, La Décou-

단지 행동 양식만이 아니다. 정신세계 전체가 함께 전환된다. 그것은 관계망이 좁아지고 닫혀가는 하나의 대대적 수축이며, 이 변화가 삶과 바깥 세계를 대하는 태도에까지 깊은 변형을 일으키는 것은 아닌지 묻게 만든다. 더 나아가 그것이 정치와 관계 맺는 방식의 변화와도 필연적으로 결부되는 것은 아닌지 질문하게 한다.[*]

부르디외가 『경제의 사회적 구조들*Les Structures sociales de l'économie*』에서 단독주택을 두고 전개한 분석은, 가족 구조와 그에 따라 형성되는 삶의 양식의 문제로까지 확장해 이해할 수 있다. 이 저작은 단독주택 시장을 중심 주제로 삼고 있지만, 부르디외는 결론에서 거의 예언자적이라 할 만한 암울한 어조로 한 가지 문제를 제기한다. 다수의 가구가 자기 주택을 소유하거나 직접 건설하고자 하는 욕망에 포획되게 만드는 사회적 환상이 무엇에 근거하는지, 그리고 그 열망이 어떤 정신적·정치적 효과를 낳는지에 관한 문제다. 부르디외가 주택 구입을 둘러싸고 전개한 이 분석은, 여기

---

verte, 1997.

[*]　예컨대 오늘날 젊은 세대, 특히 중산층 청년들 사이에서 진보적 좌파 성향이 두드러지게 나타나는 현상을 설명할 때, 경제적 자본의 보유 정도 같은 내부적 속성만으로 충분하다고 말할 수 있는가? 오히려 이 세대를 특징짓는 우정 중심의 삶의 양식까지 함께 고려해야 하지 않을까?

서 논의되는 '부모 역할로의 진입'이라는 문제에도 그대로 적용될 수 있다.

집을 산다는 행위에는 한 사람의 삶 전체의 설계와 삶의 양식 전체가 함께 걸려 있다. 부르디외는 단독주택이 실제로는 일종의 '함정'처럼 기능한다고 말한다.

단독주택은 점차, 모든 형태의 투자가 고정되는 장소로 기능하는 경향을 띤다. 무엇보다 그 주택을 떠받치기 위해, 심리적 노동을 포함한 물질적 노동에 투자가 집중된다. 그러나 그 결과로 마주하는 현실은, 대개 우리가 미리 그려두었던 기대와는 거리가 멀 때가 많다. 동시에, 소유한다는 감각은 또 다른 투자를 연쇄적으로 낳는다. 이 소유감은 욕망과 기획 들을 길들이며, 그것들을 집의 문턱 안으로 한정하고 사적 질서 속에 가두어버린다. 그리하여 이 감각은 정치적 투쟁과 같은 집합적 기획들과 정면으로 대립한다. 왜냐하면 그러한 기획들은 언제나 가정적 세계로 후퇴하고자 하는 유혹에 맞서 싸우는 투쟁을 통해서만 쟁취될 수 있는 것들이기 때문이다.

가족이라는 단위는 그 고유한 성격에 따라 이해되어야한다. 그것은 자기 이해의 방식이 특정한 정치적 이데올로기와 결합하여 형성된 하나의 사회적 실체다. 가족은 삶을

"아이의 양육"과 "가정생활의 숭배"에 집중된 형태로 이끌며, 동시에 일종의 "집단적 이기주의"가 형성되는 장소를 이루기도 한다.[†]

[†] Pierre Bourdieu, *Les Structures sociales de l'économie*, Paris, Seuil, 2000, p. 224-230.

6

우정이 하나의 삶의 양식이자 자율적 문화로 자리할 때, 그것은 대항적 의미를 띠며 기존과는 다른 유의 즐거움과 풍미로 우리를 이끈다. 또한 가족 사회화의 내부에서 형성되었을 자기와는 다른 형태의 '자기'를 산출하는데, 이는 무엇보다 우정이 가정적 세계에 대해 하나의 어긋남을 만들어내는 힘으로 작동하기 때문이다. 다시 말해 우정은 삶의 중심을 가정과 사적 영역으로부터 물리적으로 탈중심화시킨다. 즉 **가족 세포**라는 말로 정확히 표현되는, 그 중심으로부터 우리를 한 걸음 비켜서게 만든다.

친구란 본래 함께 밖에서 시간을 보내는 사람이다. 만약 디디에와 에두아르, 그리고 내가 우리 삶에서 가장 중요했고 또한 가장 많은 시간을 보냈던 장소들의 목록을 작성한다면, 카페나 브라스리가 아마 주될 것이며, 집보다 훨씬 더 중요한 공간으로서 중심을 차지할 것이다. 우정을 가운데에 두고 삶을 조직하는 이들에게 카페가 정신적 삶의 주공간으로 부상하는 현상은 여러 텍스트에서 잘 드러난다. 이를테면 보부아르의 『회고록 *Mémoires*』에서, 사르트르와의 만남이 그녀의 삶을 끊임없이 리듬화하는 방식으로 묘사되는 대목이 그러하다. 더 넓게 보자면 예술적 아방가르드와 보헤미안적 삶의 역사에 관한 연구들 역시, 공적 공간이 관계를 조직하고 사유를 촉발하는 장이 되는 과정을 반복해서 보여준다. 물론 여기서는 이러한 삶의 형태에 접근하기 위한 경제적 조건들을 강조하고 싶은 유혹을 느낄 수 있다. 그러나 이에 맞서 곧바로 상기해야 할 것은, 가족생활과 부부생활에 드는 비용, 그리고 자녀의 교육과 각종 활동에 천문학적인 액수가 투입된다는 사실이다. 자녀와 관련된 생태적 비용은 말할 것도 없다.

카페는 부르디외가 분석한 단독주택, 그리고 그 주택 형태에 결부된 온갖 사회적 환상들과 거의 정확히 대립되는 공간으로 나타난다. 카페는 사람들을 만나기 위한 장소이며, 애초에 개방되어 있고 외부를 향해 열려 있는 공간이다. 물론 혼자 일하거나 녹서하려는 목적으로 찾을 수도 있다. 그러나 그러한 고독조차 종종 지인의 출현에 의해 중단되곤 한다. 카페에 자리를 잡는 행위 자체는 하나의 만남의 태도를 표명하는 것이며, 다시 말해 타자에게 열려 있음을 공공연히 드러내는 행위다. 조지 촌시는 『게이 뉴욕*Gay New York*』에서 1930~1940년대 미국의 게이 삶을 설명하기 위해 매우 인상적인 표현을 사용한다. 당시 게이 남성들은 집, 곧 사적 공간 안에서는 자신의 욕망을 실현할 수 없었기 때문에 그것을 바깥에서, 이를테면 거리나 목욕탕, 영화관 같은 장소에서 실천해야 했다. 그 결과 그 시대에 게이로 존재한다는 것은, 공공의 장소에서만 사적 삶을 가질 수 있다는 뜻이었다. 이는 우정을 하나의 존재 방식으로 이해할 때에도 매우 잘 들어맞는다. 우정은 가정이라는 닫힌 세계에 갇혀서는 펼쳐질 수 없으며, 바깥을 향한 심리적 방향 전환, 곧 밖으로 나가는 존재 방식을 필요로 하기 때문이다. 그러니까 이렇게 말해볼 수 있다. 나는 내 거실보다 카페가 더 내 집처럼 느껴진다.

7

스피노자가 신체는 무엇을 할 수 있는가라는 물음을 제기했을 때, 그는 그것을 즉각 관계의 문제와 결부시켰다. 우리는 모두 끊임없이 타자들과 마주하고 있다. 우리가 타인과 맺는 관계의 방식은 우리에게 변용을 일으키며, 바로 그 변용들이 우리로 하여금 기쁨이나 슬픔을 겪게 하고, 자신이 증대되었거나 반대로 독에 중독되었다고, 심지어 마비되었다고 느끼게 하며, 움직임을 추동하거나 정지시키기도 한다.[‡] 만일 우정이 대항적 삶의 양식으로 기능할 수 있

[‡] 스피노자의 철학은 윤리학을 도덕적 당위의 언어가 아니라, 신체들의 운동과 결합을 다루는 물리학적 원리 위에 재정초하려는 시도다. 그에게서 선과 악은 초월적 규범이 아니라, 한 존재의 작용능력 곧 역량potentia을 증대시키는가 감퇴시키는가에 따라 내재적으로 구분된다. 그러므로 윤리란 금지와 명령의 체계가 아니라, 무엇이 우리를 강화하고 무엇이 우리를 약화하는지를 판별하는 역량의 학으로 성립한다. 이때 affectus, 곧 정동은 역량이 증가하거나 감소하는 변화의 사건을 뜻한다. 정동은 개인 내부의 단순한 기분이 아니라, 타자와의 관계 속에서 생겨나는 역량의 증감으로 이해되어야 한다. 이에 비해 affectio, 곧 변용은 신체가 타자와 접촉하며 특정한 상태로 '되어 있음'을 가리킨다. 변용은 신체적 상태에 대한 관념까지 포함하는, 관계의 흔적이자 결과다. 정동은 이러한 변용들 가운데 역량의 방향을 바꾸는 변화, 곧 증대와 감퇴의 운동을 지칭한다. 따라서 정동은 변용 위에서 발생하

고, 단조로움과 고착성으로 특징지어진 세계에 일정한 교
란과 기쁨, 새로움을 불어넣을 수 있다면, 그것은 우정이 바
깥과 관계되는 자기 실천을 수반하기 때문이거나 '가족 세
포'라는 형식과의 단절을 함축하기 때문만은 아니다. 더 근
본적으로 우정은, 그 관계에 참여하는 이들 내부에서 사회
적 연결의 형식들, 곧 타자와 관계 맺는 방식과 사랑하는 방
식 자체를 변형시키는 하나의 전환을 산출하며, 바로 그 점
에서 그 의미를 획득한다.

타인과 얽히는 방식을 말할 때, 우리는 흔히 '유대'나
'관계'처럼 얼핏 자명해 보이는, 그러나 실은 모호한 어휘들
에 기대곤 한다. 하지만 둘 혹은 그 이상의 개인들 사이에
서 관계가 작동하는 양식은 실로 다양하다. 관계를 작동시
키는 방식은 무수하며, 방식들은 그 관계를 체험하는 이들,
곧 관계에 의해 관통되는 이들에게 관계가 미치는 정동의
힘을 결정한다. 관계성에는 서로 구별되는 여러 형식이 있
다. 나로서는 우정의 문화를 향해 자신을 위치시키는 일이

며, 변용은 정동이 작동하는 구체적 조건을 이룬다. 정동은 우리를 움직이게
도 멈추게도 하며, 삶의 가능성을 확장하거나 수축시킨다. 윤리적 판단은 이
정동의 증감, 곧 역량의 변화에 대한 인식에서 출발한다. 요컨대 스피노자
의 윤리는 관계의 물리학 속에서 역량을 중심으로 삶을 재구성하려는 사유
다.—옮긴이

란 타인과의 유대를 실천하는 방식, 곧 우리가 타자와 어떻게 관계 맺는지, 그들과 함께 살기를 욕망하며 사랑한다는 것이 무엇을 뜻하는지, 관계성의 실천을 통해 우리가 궁극적으로 무엇을 지향하는지를 새롭게 의미화하는 과정을 수반한다고 본다. 여기서 주의할 것은 이 관계 맺음이 내가 어느 날 이게 좋다거나 저게 좋다거나 하며 내린 의식적인 결정이 아니라는 것이다. 이는 다시 한번 확산되며 침묵 속에서 작동하는 하나의 영향에 관한 것이다. 우정적 관계성은 그 자체로 실천 속에서 타자와 특정한 방식으로 관계 맺게 하는 성향을 형성하며, 이러한 성향은 그 안에 참여하는 이들로 하여금 제도화된 틀과 고정된 정체성을 넘어서는 연결들을 가꾸도록 이끈다. 이로써 삶의 양식으로서의 우정은 관계망을 증식시키는 하나의 원리이자, 무엇보다 그 이질성을 확장하는 원리가 되며, 사회적 경직화에 맞서는 실천적 해독제로 기능한다.

한 가지 일화를 출발점으로 삼아 이러한 생각을 설득력 있게 전해보겠다. 몇 해 전 어느 오후, 산책을 하던 중에 두아르와 나는 우연히 한 가지 특이한 경험을 공유하고 있음을 깨달았다. 우리는 그 경험을 '세 번째 눈'이라 불렀다. 지인들과 대화하거나 함께 술자리를 갖거나 약속을 조율할 때, 혹은 어떤 강연이 끝난 뒤 주최자들과 저녁을 먹을 때, 이따금 불현듯 이런 순간이 찾아온다. 교류의 한가운데 있던 우리가 문득 정신적으로 한 걸음 물러서, 그 장면 속에서 움직이는 우리 자신을 마치 바깥에서 관찰하듯 바라보게 되는 순간이다. 마치 우리가 '세 번째 눈'을 하나 더 지닌 채, 그 눈을 통해 스스로가 교류하는 모습을 지켜보는 것처럼 느껴진다. 이러한 외재화는 관계를 낯설게 만든다. 적어도 그 순간만큼은 그 시간을 멀게, 때로는 견디기 어렵게 만든다. 본래 자명하게 이루어져야 할 것들이 더는 직접적으로 다가오지 않고, 모든 것이 하나의 역할 수행, 하나의 사회적 연극으로 읽히기 때문이다. 그래서 우리는 가끔 술자리를 마치고 나오며 서로에게 이렇게 말하곤 한다. "힘들었어. 세 번째 눈이 열렸거든."

나는 정상적인 사회성과 일상적 교류의 형식들을 낯설게 만드는 이 비자연화가, 우리 관계가, 더 넓게는 그 관계가 구축해낸 삶의 지향이, 우리가 유대를 맺는 방식 자체를 변용시켜온 결과이자 하나의 징표가 아닌지 자문하게 된다. 삶의 양식으로서의 우정은, 오직 형식적인 목적에서 조성된 관계들을 불편하게 느끼도록 하는 하비투스[§]를 형성

[§] 부르디외에 따르면 하비투스habitus는 사회적 조건이 개인 안에 축적되어 굳어진 지속적 성향으로, 무엇이 자연스럽고 당연한지에 대한 감각을 형성한다. 이 성향은 가정·교육·계급·환경이 몸과 사고에 스며든 결과로서, 개인 내부에 자리 잡은 내면화된 사회다.—옮긴이

하고, 반대로 관계 자체를 통해, 그리고 그 관계들 바깥으로 어떤 것을 산출해내는 관계들을 찾아 나서도록 우리를 자연스레 이끈다.

게오르크 지멜은 『사회학의 근본 문제들*Grundfragen der Soziologie*』에서 사회적 관계가 취하는 여러 형식에 대해 널리 알려진 분석을 제시한다. 그에 따르면 우리가 타자와 유대를 맺는 방식에는, 도식적으로 보아 크게 두 가지 범주가 있다. 첫째는 구체적 교환에 기초하되, 관계 자체의 바깥에 별도의 목적을 두는 관계다. 이러한 유대는 이해관계나 필요의 공동체, 서비스나 물질적·상징적 재화의 교환을 토대로 성립되며, 가장 일반적이고 일상적인 의미에서 우리가 맺는 관계의 상당 부분을 이룬다. 직장에서의 협업이나 상업적 거래가 대표적인 사례다. 나아가 이러한 성격의 관계는 가족이라는 테두리 안에서도 일정 부분 나타난다. 그런데 지멜은 이처럼 경제적·직업적 성격의 관계들 곁에 또 하나의 관계성이 존재한다고 본다. 그것이 바로 사교성이다.

사교의 유대는 이미 교환의 관계를 맺고 있는 개인들 사이에서 얼마든지 펼쳐질 수 있으며, 실제로 그러한 사례는 매우 흔하다. 그러나 사교는 서로를 거의 알지 못하는 사람들 사이에서도 일어날 수 있다. 예컨대 어떤 모임에서, 혹은 여행 중에 불현듯 생겨나듯이. 사교의 순간이 지니는 고유성은 그 시간이 어떤 구체적 목적에서 벗어나 있다는 데 있다. 이 실천의 특수성은, 그 순간이 사회적 세계를 잠시 내려놓는 시간이라는 사실에 뿌리내린다. 서로 얼굴을 마주하는 일, 함께 저녁을 먹는 일, 한자리에 모여 잔치나 축제를 벌이는 일은 모두 타인과의 관계가 실질적 이해관계를 잠시 억누른 채 이루어지는 상황들이다.

지멜에게서 사교는 놀이의 형식이며, 어떤 목적에도 종속되지 않는 활동이다. 그것은 오로지 언어적 교환과 애정의 신호를 끊임없이 생성하는 일로 이루어지며, 교환은 내용이 무엇이든 그 자체의 가치로 인정된다. 사교가 지니는 형식적 가치는 함께 있음의 즐거움, 타인의 존재 자체를 향유하는 기쁨, 대화를 은근한 조화의 형식으로 경험하는 데서 생겨난다. 그러나 이러한 사교술은 정치나 직업과 같은 구체적 이해관계가 불쑥 끼어들 때면 쉽게 어긋나기 마련이다. 그래서 예의의 규범은 대체로 그러한 관심사들을 예민하게 배제하도록 작동한다.

우정에 관해 쓰인 텍스트 대부분, 어쩌면 거의 모든 텍스트에서 되풀이되는 생각은, 우정은 지멜이 말한 사교의 개념에 가까워질수록 더 순수해진다는 것이다. 다시 말해 우정은 두 사람이 하나의 윤리적 합의 아래서 조화를 이루는 관계에 도달할 때 가장 고귀한 수준에 이르며, 그 점에서 이해관계와 상호 보완의 논리에 의해 움직이는 여러 도구적 관계와 대조된다고 여겨진다. 친구를 사랑한다는 것은 그 관계가 무엇을 가져다줄지, 그 관계를 통해 우리가 무엇을 얻을 수 있을지를 따지지 않고, 그 사람을 그 자체로 사랑하는 것으로 이해된다. 이 오래된 사유 전통을 가장 전형적으로 보여주는 이가 키케로다. 그는 이렇게 주장한다. "우정은 어떤 이익을 기대하며 바라는 것이 아니라, 사랑 그 자체가 주는 충만함 때문에 추구해야 한다. (…) 사람은 이익을 얻기 위해 자신을 사랑하지 않으며, 사랑은 그 자체로 목적을 이룬다. 그러므로 진정한 친구를 얻고자 한다면 이와 같은 방식으로 사랑해야 한다. 친구란 또 하나의 자기 자신과 같은 존재이기 때문이다."

그러나 관계의 도구적 성격, 더 나아가 이해관계적 성격과 그 관계의 윤리적 성격 사이에 이처럼 선을 긋는 일은, 우정이 창조적 기능을 수행하려면 반드시 자기만의 존재 이유를 발명해야 한다는 사실을 선적으로 간과하는 것이다. 달리 말해 우정은, 그것을 경험하는 이들에게 그 관계 자체를 넘어서는 정치적·정동적·창조적 쟁점들을 동반하고 또한 산출할 때에만 비로소 창조적 힘을 발휘할 수 있다. 나아가 우정 관계가 자율적인 관계로 구축되려면, 친구들이 서로에게 어떤 것을 가져다주고, 스피노자적 의미에서 타자와의 접촉을 통해 서로를 증대시키며, 다른 곳에서는 얻을 수 없는 어떤 것을 그 관계로부터 획득해야 한다. 다시 말해, 그 관계는 이해관계의 맥락에 자리 잡고 있어야 한다.

그러므로 창조적이기를 지향하는 우정으로 작동되는 관계성과 지멜이 사교성이라고 부르는 것 사이에는 대립이 존재하며, 지멜의 사회적 유대 이론에는 우정에 관한 이론이 결여되어 있다.

명시적 내용을 유예한 채 성립되는 관계는, 실상 사회적 세계가 이미 형성하고 유지해온 유대들을 되풀이하는 데 그친다. 그 관계는 자기 필연성을 산출하지 못한다. 가족이나 지역 공동체와 같은 소속의 질서, 혹은 직업적 지위와 같은 기능적 질서 속에서 이미 제도화된 것을 대인적 차원에서 한 번 더 재현할 뿐이어서, 그 관계가 새롭게 보태거나 창조할 몫은 거의 없다. 모든 것은 이미 주어져 있고, 이미 부과되어 있을 따름이다. 관계의 내용이 관계 바깥에 놓여 있는 한, 이러한 관계들은 존속을 위해 별도의 존재 이유를 따로 발명할 필요가 없다. 사교는 타인과 맺는 관계 형식 가운데 하나로서, 무엇보다 이미 확립된 관계들을 유지하고 재확인하는 데 관여한다. 가족끼리의 점심 식사, 관습화된 만찬, 회사의 저녁 모임 등이 그 전형적 사례다. 이 관점에서 보자면 사교는 구조적으로 기능적이며, 일정한 의미에서 보수적이다. 사교는 제도적으로 형성된 가까움과 멀어짐, 정체성과 역할, 교환과 이해관계의 질서를 되풀이하고 공고히 한다. 결국 사교를 좋아한다는 것은 사회적 세계를 좋아한다는 뜻이며, 그 세계가 우리를 어떻게 형성해왔는지를 어느 정도 긍정한다는 의미이기도 하다.

반대로, 삶의 제도화된 틀들, 가족과 직업의 일상적 루틴, 그리고 우리에게 부과된 모든 것에 맞서거나 그 바깥에서 성립되는 관계성은, 필연적으로 사교라는 관념과 일정한 거리를 두는 몸짓을 통해서만 전개될 수 있다. 다시 말해 그것은, 그 자체 이외의 목적을 갖지 않는 사회적 기술로서의 사교와는 어긋나는 방식으로 발전할 수밖에 없다. 에두아르와 디디에가 각자의 가족에게 돌아갔을 때, 혹은 과거에 그곳으로 되돌아가곤 했을 때 겪었던 심리적 어려움을 설명하며, 그들이 가족적 사교를 거의 견딜 수 없는 하나의 시험으로 경험했다고 말할 때, 이를 계급적 거리[1]의 관점에서 해석하는 것이 가장 즉각적이고 설득력 있는 설명처럼 보인다. 그러나 나 또한 극심한 망설임 끝에 가끔 가족 행사에 참석하면, 아이들과 그들의 교육에 관한 끝없는 이야기, 이어지는 직업상의 근황, 마지막으로 언론의 몇 가지 화제에 대한 소소한 언급을 듣는 동안, 그들과 유사한 정서적 반응을 경험하곤 한다. 그렇다면 이러한 어려움이 서로 비슷한 방식으로 나타난다는 사실은, 우정을 중심에 두는

---

[1] 프랑스 사회학의 전통(특히 부르디외)에서 자주 쓰이는 개념으로, 사회 계급·계층적 배경의 차이로 인해 발생하는 문화적·정동적·행동 양식적 간극을 의미한다.—옮긴이

삶의 양식으로 들어서는 순간, 사교의 규범에 맞춰 살아간
다는 일이 얼마나 급격히 어려워지는지를 보여주는 것 아
닐까. 더구나 가족적 사교는 사회적 층위를 가로지르는 요
소들이 한데 얽혀 작동하는, 말하자면 사교의 규범이 가장
강하게 압축된 극단적 형식이다. 그런 점에서 그것에 순응
하는 일은, 우정이라는 삶의 양식을 선택한 이들에게 불가
능에 가까운 과제로 변해버리는 듯하다.

　　우정을 삶의 여러 영역에 작용하는 영향들 속에서 의
미를 발하는 사회적 실천으로 파악하는 것은, 롤랑 바르트
가 『사랑의 단상』을 준비하던 세미나에서 제기했던 딜레
마를 벗어날 하나의 길을 열어준다. 그는 세미나에서 감정
성을 분석할 때 언제나 따라붙는 난점을 지적한다. "차가운
분석, 즉 역사적·사회학적 분석"이 "뜨거운 분석, 즉 실존적
분석"을 가로막는 하나의 "장막, 다시 말해 검열"*처럼 작동
한다는 점이다. 바르트는 여기에서 사랑은 오직 선언되고,
드러나며, 묘사될 수 있을 뿐 결코 설명되어서는 안 된다는
결론을 끌어낸다. 사랑을 설명하려는 순간 우리는 사랑을
그것 이외의 다른 무엇으로 환원하게 되고, 사랑을 축소하

---

*　　Roland Barthes, *Le Discours amoureux*, Paris, Seuil, 2007,
p. 279.

는 과학적 언어의 지배 아래 두게 된다. 그 결과 필연적으로 사랑의 강도, 사랑이 섬세하게 구성하는 무엇, 그리고 마음과 의식의 가장 깊은 곳에서 "사랑"이라 느껴지는 바로 그 성질을 놓치게 된다는 것이다.

그러나 바르트가 되풀이해 호출한 이 고전적 대립, 곧 감정에 대한 사회적 설명과 현상학적 기술 사이의 대립은, 관계성을 그것이 무엇을 산출하는가라는 관점에서 파악하는 순간 넘어설 수 있는 것은 아닐까? 관계의 창조가 지닌 대항적 힘, 다시 말해 분석을 통해 객관화할 수 있는 그 힘이 작동하는 지점을 붙잡는다면, 관계 안에서 사랑받는 것은 친구라는 개인 자체가 아니라, 친구가 가능하게 하는 창조적 관계의 힘이라고 생각해볼 수도 있지 않을까? 그 까닭은 어떤 사람도 결코 고립된 '나'나 '타자'로 존재하지 않으며, 언제나 특정한 공간들 속에 놓여 있고, 따라서 모든 관계는 삶의 여러 공간과의 연결, 그리고 그 안에서 자신을 펼쳐 보이는 방식에 따라 비로소 실제적이고 체감될 수 있는 의미를 얻기 때문이다. 우정을 내밀한 기능과 사회적 기능, 정치적 기능의 관점에서 탐구한다면, 감정성을 원인의 문제가 아니라 효과의 문제로부터 전개하는 분석이 가능해질 것이다. 그럴 때 우리는 감정을 설명하는 순간 감정이 축소되고 훼손된다는 바르트의 주장과 달리, 감정은 설명 가능하다고 말할 수 있다. 다만 그때 사랑받는 것은 타자 자체라기보다, 정동적 실천과 그 실천이 가져오는 것, 그리고 그 실천을 통해 서로 사랑하는 이들에게 작용하는 무엇이라는 점을 고려해야 한다. 다시 말해, 하나의 관계에서 사랑받는 것은 그 관계가 지닌 사회적 기능과 정치적 기능이기도 하다. 그리고 정동적 감정은 하나의 객관적 결속과 맺는 관계가 주관적으로 번역된 모습으로 나타난다. 따라서 관계 내부에 포섭된 주체가 그 관계가 자신에게 행사하는 결과를 어떤 방식으로 체감하는가를 가리킨다.

우정 안에서 타인을 향해 느끼는 정동과 그 관계가 수행하는 기능 사이에 성립되는 근본적인 결합은, 이러한 관계들이 왜 그토록 취약하며 그 지속이 자주 덧없게 끝나는지를 설명해주기도 하다. 서로 다른 존재들 사이의 어떤 결속이 지닌 창조적 성격을 영원히 살아 있게 유지하는 일은, 원리상 거의 불가능하다. 그러므로 우정 관계가 시간의 흐름 속에서 점차 해체되는 것은 일종의 논리적 귀결에 가깝다. 더 이상 창조적이지 않을 때, 더 이상 자신과 타자를 하나의 공동 기획이나 공동의 열망 속에서 서로 증대시키지 못할 때, 관계는 자연스럽게 소멸한다. 혹은 서서히 그 반대로 기울어, 끝내는 순수한 사교적 관계로 전환되기도 한다. 키케로는 친구를 잃는다는 사실 자체가 애초에 진정한 우정이 아니었음을 뜻한다고 보았다. 우정이 참된 것이었다면 결코 상실될 수 없고, 만일 사라졌다면 그것은 상황적 조건에 따라 형성된 우연적 결속에 지나지 않으며, 따라서 처음부터 허구적이었다는 것이다. 그러나 우리는 그와 정반대의 결론에 도달할 수 있다. 우정의 본질에는 상실이 필연적으로 내재해 있다. 결코 잃을 리 없는 관계는, 대개 사회적 세계가 우리에게 부과한 관계들뿐이다. 그러므로 우정을 하나의 사회적 실천이자 자기 규정의 방식으로 끝까지 지켜나간다는 것은, 삶의 어떤 시기에는 중요했으나, 이제는 더 이상 자신을 흔들어 다른 자리로 옮기게 하지도 자신을 증대시키는 힘을 발휘하지도 못하는 관계들을 과감히 내려놓는 일을 포함한다. 동시에 그것은, 그 빈자리를 다시금 그러한 작용을 수행할 새로운 관계들로 채워가는 일을 함께 요청한다.

8

자기 구축적 실천으로서의 창조적 우정은 삶의 공간을 형성한다. 그곳에서 누군가를 사랑한다는 것은, 곧 그가 관계 안으로 가져오는 바로 그것을 사랑한다는 뜻이다. 다시 말해 타자 안에서 그로부터 배우는 것, 그가 우리를 다른 존재가 되게 하고 다른 것을 알게 하며 다른 것을 보게 해주는 가능성을 끈질기게 찾아나서는 일이다. 바로 이 때문에 우정을 향한 열망은 공동체적 삶에 대한 환상과 대립한다. 우정은 스스로를 닫지 않는 상태, 곧 비폐쇄성을 전제로 한다. 더 나아가 우정은 관계의 이행성, 그리고 어떤 의미에서는 언제나 새로운 관계를 맺을 준비가 되어 있는 상태까지를 포함한다. 따라서 우정적 관계성에는 언제나 일종의 탐구적 성격이 깃들어 있다.

디디에, 에두아르, 나의 관계에서 글쓰기라는 활동은 분명 핵심적인 영역이지만, 전부는 아니다. 그럼에도 글쓰기는 정서적 유대가 교환과 자기 증대의 장소로 기능하도록 해주고, 그 유대가 우리 삶의 한가운데에까지 자리 잡게 만드는 결정적인 영역이다. 이 점에 대해서는 다음 장에서 말하겠다.

여기에서 내가 오히려 하나 강조하려는 것은, 삶의 정치가 형성된다는 관점에서 보면, 우정을 하나의 삶의 양식으로 삼는 일은 필연적으로 일정한 성향과 정동을 신체에 각인시키며, 그 결과 사교적 관계들로부터 점차 멀어지게 만드는 강도들을 체감하게 한다는 것이다. 다시 말해, 아무것도 새로 산출하지 않는 사교의 관계들에서 물러서는 대신, 다른 세계, 다른 기획, 다른 쟁점 들에 대한 지속적 학습을 토대로 친화성이 형성되는 유대를 가꾸게 된다는 뜻이다. 이제 나는 이 지점에서, 우정의 삶을 지탱하고 우정을 가꾸도록 우리를 추동하는 고유한 충동을 포착해 드러내고자 한다. 성적인 삶과 사랑의 삶에서 작동하는 근본적 충동들에 대해서는 이미 많은 사유가 이루어져왔으나, 우정의 삶을 떠받치는 충동은 아직 충분히 언어화되지 않았다. 나는 우정의 고유한 정동 내부에, 자신을 증대하고 배우며 다른 기획들을 구상하려는 욕망이 자리한다고 말하고자 한다. 도덕적 완전주의 전통이 부여해온 의미에서, 자기 자신에 대한 항구적 교육을 지향하는 열망이 우정의 정동 속에 포함되어 있다는 것이다. 따라서 이 관점은, 키케로 이래의 사유 전통 전반을 관통해온, 우정을 타자 안에서 또 하나의 자기 자신이나 순수한 덕성만을 사랑하는 무사심적 공간으로 파악하는 순진한 접근과 정반대의 위치에 선다.[1]

이에 이르면 우리는 거의 이렇게까지 자문하게 된다.

사회학적 관점에서 보건대, 우정이란 성인의 삶에서 아동기의 삶에 있어 학교가 수행하는 역할에 견줄 수 있지 않은가? 주체가 변형되고, 다른 존재가 되어가는 가능의 장소로서 말이다. 뒤르켐은 『도덕 교육』에서 사회를 변화시키기위해 어떤 행위의 형식이 필요할지 성찰한 끝에, 결국 학교만이 효과적인 행위가 가능한 공간이라고 단언한다. 학교의행위가 효과를 발휘하는 까닭은, 학교가 그곳을 거쳐 가는이들에게 두 가지 정신 구조 사이의 불일치를 만들어낼 수있기 때문이다. 하나는 학교에서 습득되는 정신 구조이며,다른 하나는 가족 안에서 체화된 구조다. 이 두 구조의 어긋남은 개인의 의식을 변형시키고, 더 나아가 세계를 변형시킬 가능성을 연다. 학교는 초기 사회화가 한 개인에게 예정해두었던 것과는 다른 존재로 그를 이끌 수 있는 제도이며,뒤르켐의 관점에 따르면 그 이후에는 이미 너무 늦다. 습관들이 지나치게 깊이 뿌리내리기 때문이다. 그렇다면 서로에게 지식과 기획, 이야기 들을 건네는 개인들이 만나는 문화적 공간으로서의 우정은, 일종의 상호 교육의 장이 될 수 없겠는가? 그리고 사회 변동에 관심을 두는 사회학은 학교에

¶　윤리적 완성에 대해서는 상드라 로지에의 『또 다른 미국 정치사상*Une autre pensée politique américaine*』(Paris, Michel Houdiard, 2004)을 참조하라.

더하여, 우정 또한 필수적으로 탐구해야 할 공간으로 삼아
야 하지 않겠는가?

9

우정적 관계성을 중심으로 조직되는 삶은 필연적으로 외재성과 만남의 논리에 의해 움직인다. 그것은 우리를 증대시키는 것을 찾아 나서도록, 즉 바깥으로 나아가도록 밀어붙인다. 곧 자기 자신 바깥으로, 그리고 우리에게 부과된 소속의 장들champs[†] 바깥으로 나아가도록 하는 것이다. 물론 나는 만남이 사회적 조건들로부터 자유롭다고 믿는 순진한 입장을 취하려는 것은 아니다. 모든 관계가 동일한 방

[†]　부르디외에게서 장champ은 학문 장, 문학 장, 예술 장, 정치 장, 경제 장, 법 장, 종교 장, 언론 장처럼 사회를 이루는 여러 영역에서 각기 고유한 규칙과 가치 기준을 갖고 경쟁이 벌어지는, 상대적으로 자율적인 사회적 공간이다. 장은 개인들의 단순한 합이 아니라 행위자들 사이의 관계를 짜놓는 구조로서, 누가 어디에 서고 무엇을 할 수 있는지를 규정한다. 그리고 그 규정의 핵심에는 경제자본만이 아니라 문화자본·사회자본·상징자본으로 분화된 자본들의 분포와 전환 가능성이 놓여, 장 내부의 힘의 역학과 위계를 형성한다. 이 힘의 역학은 지배와 도전, 정통과 이단을 둘러싼 인정과 정당화의 투쟁으로 전개되며, 그 결과 장에서의 성과는 단순한 능력의 산물이 아니라 무엇이 가치 있는 것으로 승인되는가를 둘러싼 투쟁의 산물로 나타난다. 따라서 부르디외의 장 이론은 개인의 재능이나 의지에 사회를 환원하지 않고, 각 장의 구조와 자본의 분포, 그리고 인정과 정당화를 둘러싼 투쟁의 결합을 통해 사회적 실천과 성과가 어떻게 만들어지는지를 설명한다.—옮긴이

식으로 가능하거나, 같은 방식으로 상상될 수 있는 것도 아니다. 그럼에도 특히 문화의 장에서는, 가능한 관계들의 갈래 가운데 어떤 관계는 더 먼저 가꾸게 되고, 어떤 초청은 받아들이며 다른 초청은 거절하고, 어떤 '사교적' 만찬이나 모임, 학술 행사에는 나가면서도 다른 것들은 의식적으로 피하게 만드는 윤리적 방향성 또한 존재한다.

지난 몇 년 동안 디디에, 에두아르, 내가 각자 혹은 함께 맺어온 관계들을 되돌아보면, 우리가 가장 깊이 가까이 지낸 이들은 대체로 한 가지 창작 분야에 비범한 집중과 열의를 기울이면서도, 우리와는 다른 영역들, 이를테면 예술과 연극, 영화, 정치 등에서 활동하는 사람들임을 새삼 확인하게 된다. 우리 친구들이 모두 대학의 연구자이거나 작가인 것은 아니다. 우리는 연출가와 음악가, 배우, 활동가 들과도 자연스럽게 교류해왔으며, 그들과 함께 있을 때 오히려 편안한 친밀감을 경험한다.

우리의 글쓰기와 활동이 지닌 다양성, 그리고 그로부터 생겨나는 여러 초청 덕분에 우리는 저마다 서로 다른 사회적 장을 오가며, 각기 다른 만남을 갖고 고유한 관계들을 맺는다. 그러나 우리가 함께 살고 함께 다닌다는 사실은 거의 언제나, 각자가 만나는 사람들이 결국 다른 둘과도 만나게 된다는 결과를 낳는다. 한 사람이 맺은 관계는 종종 다른 둘의 관계가 되고, 때로는 아주 일시적이고 불안정한 형태로, 때로는 오래 이어지는 형태로 그렇다.

　한 사람이 만난 이들은 이내 세 사람이 함께 이야기하는 얼굴과 이름이 되고, 곧 우리의 공유된 정신적 공간, 우리의 환경을 이룬다. 파리에 막 도착한 직후 몇 달 동안, 우리는 에두아르에게 마티외 랭동, 주디스 버틀러, 리오 버사니 이야기를 자주 했다. 디디에가 우리를 알기 훨씬 더 전부터 이미 그들과 친구였기 때문이다. 에두아르가 그들을 실제로 만나기도 전에, 우리는 벌써 '마티외' '주디스' '리오'에 대해 함께 대화하고 있었다. 나중에 에두아르가 소피 칼이나 타시 아우와 깊은 우정을 맺었을 때도 똑같은 일이 일어났다. 디디에와 나는 아직 그들을 알지 못했지만, 우리는 이미 '타시' '소피'에 관해 자연스럽게 이야기 나눴고, 각자의 만남이 언제나 이미 서로의 삶의 일부가 되고 있다는 사실은 너무나 분명했다. 토마스 오스터마이어가 에두아르의 『누가 내 아버지를 죽였는가』를 연출했을 때, 그와 에두아르가 어떻게 처음 만났는지를 질문받은 일이 있다. 그는 몇 해 전 디디에의 『랭스로 되돌아가다』를 무대화하려고 작업 중이었고, 우리가 늘 셋이 함께 이동했기 때문에 자연스레 에두아르를 만났으며, 그의 책이 독일어로 번역되자마자 곧바로 읽게 되었다고 대답했다.

　우리가 다른 사람들과 함께할 때 내가 자주 감지하는 정서 가운데 하나는 기쁨이다. 우리 관계가 본래라면 서로 멀리 떨어져 있거나 아예 분리된 세계에 속했을 사람들 사이에 뜻밖의 근접성을 산출하는 자리로 기능한다는 사실에서 비롯되는 기쁨. 사회 연결망에 관한 사회학 연구들은 개인이 삶에서 맺는 관계들이 대체로 폐쇄적이며 자기 동일성의 논리에 따라 조직된다는 점을 거듭 지적해왔다. 그리고 서로 접속하지 않았을 공간들을 잇고, 사회적 거리뿐 아니라 정신적 거리까지 좁히는 위치에 서는 개인들을 우리는 흔히 '가교'라 부른다. 그러나 여기서 중요한 점은, 본래부터 그런 성질을 지니고 있어서 가교가 되는 것이 아니라는 사실이다. 그들을 가교로서 자리 잡게 만드는 것은, 그들이 실천하는 관계성의 양식들이다. 우정이 축적적이며 이행적인 공간으로 길러질 때, 우정은 전문적 경계, 세대적 경계, 국가적 경계가 구축하는 세계와는 다른 방식의 세계 배치를 출현시킬 가능성을 그 자체 안에 품는다. 우정은 세계를 새롭게 조합하고 다른 선들을 그리며, 한 작가의 삶을 다른 삶과 연결하고, 그렇게 이어진 삶들을 다시 또 다른 관계로 확장한다. 그리고 어쩌면 이런 방식으로, 사회라 불리는 지나치게 규범화된 공간 속에 약간의 새로움과 움직임이 돌연히 스며들게 만들지도 모른다.

세상으로부터 빠져나와, 그 질서를 굴절시키고 교란하면서 재구성하는 것. 어떤 의미에서 이것이야말로, 실천 속에서 실현된 유토피아로서의 우정이 지니는 정치적 공식이 될 수 있을 것이다.

이 책을 준비하던 중 나는 2019년 3월 콜린 극장에서 스타니슬라스 노르데가 연출한 「누가 내 아버지를 죽였는가」 초연 이후 촬영된 사진을 우연히 다시 봤다. 나는 곧바로 그 사진이, 정치와 현대미술, 영화와 사회운동, 연극과 음악처럼 서로 멀리 떨어진 세계에 속한 사람들을 한 장면 안에 모아놓고 있다는 사실에 이끌렸다. 사회적으로 보자면 우연에 가까우며, 서로 마주칠 가능성 자체가 낮은 이들이 사진 속에 함께 있었다. 소피 칼에서 아사 트라오레까지, 다니엘 오보노에서 에마뉘엘 베아르까지, 스타니슬라스 노르데에서 우드키드까지, 그 폭은 놀라울 만큼 넓다. 물론 이런 종류의 사진이 언제나 어느 정도 전형성을 띤다는 점을 감안하더라도, 나는 이 사진이 우정의 능력을 매우 전형적으로 드러낸다고 생각한다. 우정은 관계를 새로 발명하고, 한 관계가 다른 관계로 옮겨가게 하는 공간으로서, 세계를 비틀어 다시 구성하는 하나의 장치를 이룬다. 그리고 서로 다른 영역과 존재들 사이에, 우정이 없다면 거의 불가능했을 가까움을 만들어낸다.

스타니슬라스 노르데, 아사 트라오레, 유수프 브라크니, 우드키드, 에마뉘엘 베아르, 소피 칼, 세르히오 코로나도, 펠릭스 마리토, 다니엘 오보노, 세레나 카론, 프레데리크 쇼디에와 함께.

10

우정적 결속은 결코 '대안 가족'도 '선택된 가족'도 아니다. 그것을 그렇게 부르는 모든 가족적 어휘는 필연적으로 본질을 비껴간다. 사회적·정치적 관점에서 보자면, 우정적 결속은 정확히 반反가족으로 나타난다. 관계망을 희소화하거나 정체성을 굳혀버리는 원리가 아니라, 관계를 증식시키고 발명하며 서로를 접속시키는 삶의 원리로 작동하기 때문이다.

우정의 방식으로 삶을 양식화하는 일이 가족 중심의 삶의 방식과 충돌한다면, 나는 또한 이 점을 강조하고자 한다. 그러한 양식화는 사랑의 실천과 연인 관계의 형식을 일정 부분 재정의하는 작업을 동반할 때에만 비로소 하나의 자율적 문화로 성립될 수 있다. 창조적 우정이 모습을 드러내고, 그것을 매개로 반문화적 소집단들이 태어나기 위해서는, 그것이 새로이 재정의해야 할 것들 가운데 예외는 없다. 또한 우정은 관계가 전통적 커플의 형식으로 고착될 때 발생하는 심리적 효과들과의 단절을 요청한다. 나아가 사회적으로 유통되는 사랑의 도식들, 그리고 그 도식에 자신을 맞추어야만 제대로 된 사랑을 경험할 수 있다는 자기 설득의 관념과도 결별할 것을 요구한다.

　롤랑 바르트의 『사랑의 단상』을 읽다 보면, 사랑을 탐구하는 형식으로 제시된 이 책 자체가 역설적으로 우리 사회에서 사랑이 얼마나 깊이 일체화와 폐쇄의 논리 속에서 구성되는지를 드러낸다는 사실을 깨닫게 된다. 사랑은 곧 커플, 둘이 이루는 것으로 이해된다. 바르트의 텍스트는 사랑의 삶이 커플이라는 형식 안에서 닫힘의 환상을 중심으로 조직되려는 경향이 얼마나 완강한지를 가늠하게 한다. 그 결과 사랑을 탐구하는 작업은 커플의 바깥에 무엇이 존재하고 거기서 무엇이 일어나는지는 거의 고려하지 않은 채 진행되고, 커플의 바깥은 오직 부정적인 방식으로만 출현한다. 경쟁자나 질투의 대상, 혹은 관계를 위협하는 침입자로서 표상되며 말이다. 이처럼 사랑에 대한 사유는 철저히 밀실의 문법을 따른다. 그 안에서 주체는 타자와 마주하기보다, 끝내 자기 자신과만 대면하게 된다. 이윽고 사랑은 기쁨의 확장이라기보다 드라마와 다툼, 불안이 응결되는 하나의 폐쇄적 공간으로 변모한다.

　우정의 삶의 양식 안에 자리한 주체로서 자기를 형성하는 일은, 커플이라는 형식으로부터, 더 정확히 말해 커플의 부부화라 부를 만한 것으로부터 거리를 둘 때에만 가능하다. 우정은 관계를 산출하고 세계를 향해 열리며 실험을 가능하게 하는 운동과 결부되어 있다. 그러므로 우정은 사랑을 둘만의 폐쇄된 공간에 가두는 연애의 밀실 논리, 그리고 그 논리가 낳는 각종 관례화의 효과들을 정지시키는 일을 하나의 전제로 삼는다.

앤디 워홀의 일기를 다룬 한 다큐멘터리는, 서로 다른 두 열망이 맞부딪치는 지점을 선명하게 포착해낸다. 1970년대 말, 워홀과 그의 동반자 제드는 심각한 갈등으로 치닫는다. 그 무렵 워홀은 외출과 만남을 늘리며 관계의 반경을 확장해가는 삶 쪽으로 기울어져 있었다. 반면 제드는 둘만의 가정적이고 단단히 닫힌 결혼의 삶, 이를테면 저녁을 언제나 둘이서만 보내는 생활을 원했다. 두 욕망이 함께 설 수 없다는 사실이 또렷해질수록 긴장은 날마다 고조되었고, 마침내 제드는 여러 차례 자살을 시도하기에 이른다. 끝내 그는 떠나, 다른 남자와 함께 살기로 결심한다.

다시 말해, 우리가 흔히 그렇듯 우정을 언제나 둘의 구조로, 이를테면 "그는 바로 그 사람이었기 때문에⋯⋯"와 같은 방식으로 파악하는 한, 우정에 대한 이론을 구성하는 일은 요원해진다. 그 순간 사유는 우정을 사랑의 틀에 비추어보고, 출발점에서부터 이미 한쪽으로 기울어버리기 때문이다. 더구나 통상 가정하듯 사랑과 우정이 서로 비슷하거나 가까운 감정이라기보다, 두 관계는 근본적으로 반대 방향으로 움직인다. 창조적 우정이라는 개념이 본질적으로 바깥과 출구, 만남의 차원과 접속된다면, 사랑과 커플의 개넘은 닫힘과 내부성의 차원과 결합한다. 그러므로 존재론적·문화적 관점에서 볼 때, 우정을 예찬하기 위해 굳이 그것을 사랑과 닮게 만들어야 한다고 여기는 일이 정당한지, 혹은 우정이 사랑을 닮을수록 더 고귀하고 더 순수하다고 상상하는 일이 타당한지 의문을 품을 수밖에 없다. 오히려 정반대로, 사랑을 우정의 방식으로 전환해보는 것, 다시 말해 사랑의 관계를 우정의 형식으로 경험해보는 일이 더 의미 있는 시도가 아닐까 하는 물음이 남는다.

우정을 삶의 양식으로 삼는다고 해서 사랑을 하거나 커플 관계를 맺는 일이 불가능하다는 뜻은 아니다. 디디에와 나는 커플이며, 에두아르는 다른 이와 커플 사이다. 그러나 우리 셋의 관계, 그리고 그 관계가 하나의 삶의 원리로 자리 잡을 가능성은, 어찌 보면 커플의 삶으로부터 삶을 탈중심화하는 일을 전제했다. 우리 가운데 누구도 파트너와 함께 살지 않는다. 이는 곧 커플의 공간이 존재하지 않는다는 뜻이며, 커플이 주체성을 생산하는 중심적 장소나 삶이 출발하고 되돌아오는 자리, 근본적인 심리적 관심들이 고정되는 장소로 구성되지 않는다는 말이다. 그 공간은 중심도 밀실도 아니며, 삶이 그 안에서 혹은 그에 기대어 조직되는 준거도 아니다. 물론 커플은 삶의 여러 측면 가운데 하나로서 중요할 수 있다. 그러나 그것이 다른 관계들을 구축하는 에너지를 흡수해 하나의 '내부'로 굳어지는 자리를 차지하지는 않는다.

　어쩌면 우정에 이끌린 관계성의 실천과 커플 혹은 부부라는 삶의 형식 사이에 대립이 존재한다는 생각으로부터, 성의 관점에서 몇 가지 귀결을 도출해보고 싶은 유혹이 생길 법하다. 우정을 하나의 삶의 양식으로 삼는다는 것은 성적 삶, 성적 충실성, 혹은 다자 연애 관계에서도 일련의 효과들을 수반하는가? 그러나 나는 이 방향으로 나아가는 것이 정당하다고 생각하지 않는다. 성과 삶의 양식 사이에는 직접적인 연관이 없으며, 오히려 두 차원은 각각 상당한 자율성을 지닌다. 다들 알다시피, 연인과 더는 성관계를 맺지 않는데도 커플 관계는 존속할 수 있다. 사랑하는 사람과 성적 접촉 없는 관계를 이어갈 수도 있으며, 성관계는 시간의 경과 속에서 희미해지거나 사라질 수 있다. 반대로 우리는 이름조차 모르는 사람과도 성관계를 가질 수 있다. 성관계를 나눈 이들이 이후 친구가 될 수도 있고, 친구 관계가 이어지는 동안 성관계를 지속하기도 하며, 나아가 시간이 흐른 뒤 커플 관계로 이행하기도 한다. 또한 극히 비규범적이고 은밀한 성생활을 유지하면서도 지극히 규범적인 삶의 양식을 지탱할 수 있고, 그 반대 역시 가능하다. 말하자면 구성의 방식은 하나로 고정되지 않으며, 우리가 상상하는 것보다 훨씬 더 많은 형식이 과거에도 존재해왔고 지금도 그러하다. 삶의 양식과 견주어볼 때 성이 지니는 이러한

자율성은, 성적 행위가 우리가 수행하는 활동들 가운데 상
대적으로 의미 부여할 거리가 덜하고, 삶의 조직 전체를 요
구할 만큼의 개입 또한 낮은 수준에 미친다는 결론으로까
지 이어질 수 있다. 그러므로 여기에서 내가 시도하듯 우정
과 삶의 형식에 관한 사회정치적 사유를 전개하기 위해, 굳
이 성을 전면으로 끌어올릴 필요는 없다. 덧붙여 말하자면,
본질적 요소로 간주되기 쉬운 성적 지향의 유사성조차 결
정적 역할을 하지는 않는다. 디디에, 에두아르, 나 세 사람
이 성적 지향을 공유하고 있는 것은 사실이지만, 가족 중심
의 삶에 들어가지 않은 여러 이성애자와 우리가 맺는 관계
는, 그러한 삶을 채택한 일부 게이들과 맺는 관계보다 훨씬
더 밀접하다.

11

제도화된 삶의 조직 방식, 그리고 부부적 삶의 형식과 부모 됨이 지니는 제약적 효과를 거부하는 태도는, 청년기와 대학생활을 연장하려는 열망으로 해석될 수도 있다. 다시 말해 우정을 삶의 방식으로 삼는다는 것은 '성인'의 삶을 거부하고, 특히 도시 중산층의 학생생활이 지닌 사교 양식과 세계를 대하는 관계 방식을 유지하려는 시도로 비칠 수 있다.

어떤 의미에서는 이러한 설명에 타당한 면도 있다. 커플생활과 가족생활에 앞서는 시기인 청년기는 우정의 문화를 중심으로 한 관계가 두드러지는 삶의 국면이기 때문이다. 그러나 이러한 해석이 전적으로 정확한 설명인 것도 아니며, 우정을 발명적 힘으로서 흥미롭게 만드는 것이 무엇인지를 놓치게 만들 위험이 있다.

학생의 삶을 다룬 한 글에서 발터 벤야민은, 우정과 외출, 과잉으로 특징지어지는 청년기의 삶을 그가 다소 부정확하게 언명한 "부르주아"적 삶의 방식이라 부르는 것과의 단절로 이해해서는 안 된다고 말한다. 설령 그 단절이 잠시 스쳐가는 것처럼 보이더라도 마찬가지다. 그 까닭은 이러한 역동성이 모든 계층에서 비슷한 형식으로 나타나기 때문이다. 더 넓은 시야에서 보자면 이 시기는 하나의 괄호 속 장면, 곧 학생기라는 일탈을 연출하는 기간이며, 바로 그 일탈이 잠정적인 것으로 인식되기 때문에 비로소 성립된다. "직업이며 결혼이며, 이미 자신의 영혼을 부르주아지에게 팔아넘긴 사람들은, 바로 그 몇 해 동안 허용되는 부르주아적 자유에 필사적으로 매달린다."[‡] 요컨대 학생의 삶은 발명의 시간이 아니다. 그것은 성인의 삶에 대한 부정이지만, 그 부정은 처음부터 자기 부정의 씨앗을 품고 있다. 학생기의 삶은 언젠가 그것을 포기하게 되리라는 예감을 하나의 구조적 조건으로 삼는다. 바로 이 때문에 소부르주아지든 대부르주아지든, 부모들은 자녀들의 과도한 행동을 대체로 통제하지 않으며, 때로는 오히려 부추기기까지 한다. 그들은 그 과잉이 자녀들이 그 나이에 요구되는 것을 충실히 체현하고 있다는 신호임을, 그리고 그 체현 자체가 장차 그들에게 요구될 규범적 삶에 대한 이후의 순응을 미리 예시한다는 사실을 알고 있기 때문이다.[§]

[‡]　Walter Benjamin, "La vie des étudiants", in Œuvres I, Folio Essais, Paris, Gallimard, 2000, p. 139.

[§]　이러한 분석을 따른다면, 우리는 사회적·문화적 차원에서 널리 유통되는 우정의 수많은 이미지가 실은 전통적 삶의 구성과 생애 주기의 질서를

창조적 우정이 청년기에 결부된 삶의 양식을 되풀이하는 데 머무는 게 아니라, 고유한 삶의 양식을 발명하도록 이끄는 핵심 방식으로 이해되는 것은 아마 그것이 세대 간 경계마다 부과되는 실제 경험의 제약들을 끊임없이 문제화하기 때문일 것이다. 나이 차별은 우리 사회에서 매우 강력한 강박으로 작동한다. 특히 학생 삶의 양식은 연령만 놓고 보면, 가장 동년배 중심적인 형식 중 하나다. 실제로 여러 연구에서 또한, 전통적인 우정 관계가 연령을 기준으로 동질적인 관계를 구성하기 매우 쉽다는 사실을 반복해서 보여준다. 더 나아가 이런 동질성은, 흔히 커플 관계에서 나타나는 동질성보다 더 강하게 관찰된다.

디디에는 『판결로서의 사회』에서 서로 다른 세대에 속한 개인들 사이의 관계가 오히려 게이 관계성의 고전적 형태를 이룬다는 점을 분석한다. 그 관계는 성적 관계를 동반할 수도, 그렇지 않을 수도 있다. 그는 대표적 사례로, 1950년대 서른 살 무렵의 미셸 푸코가 신화학자 조르주 뒤메질과 맺었던 관계를 든다. 뒤메질은 푸코보다 서른 살이나 연상

강화하는 특정 관계성을 가치 있는 것으로 떠받치고 있다는 결론을 도출할 수 있을 것이다. 우정은 겉으로는 자유의 공간으로 제시되지만, 그것이 통상 실천되는 양식은 오히려 개인들을 이미 제도화된 틀 속으로 부드럽게 회수하고 통합시키는 기제 가운데 하나로 기능하고 만다.

이었다. 또한 푸코가 이후에는 자신보다 훨씬 더 젊은 이들로 둘러싸인, 친밀하면서도 지적인 교류의 장을 즐겨 꾸려왔다는 점을 함께 강조한다. 이와 관련해서는 마티외 랭동이 자신의 저서 『사랑이 의미하는 바 *Ce qu'aimer veut dire*』에서 증언한 바 있다.

이러한 세대 간 결속은 흔히 가족의 어휘로 설명된다. 그것들은 '대안 가족'으로 이해되기도 하는데, 랭동은 이를 "우정의 가족", 혹은 "허구적 가족"이라 부르며, 그것이 자신에게는 "진짜 가족"이 되었다고 말한다. 이런 관계에서 연장자는 종종 "대리 아버지"로, 혹은 일종의 양심의 안내자로 묘사된다. 디디에는 1950년대에 푸코가 뒤메질에게 편지를 보낼 때, 그 편지를 "나의 아버지여"로 시작하곤 했다는 사실을 언급한다. 또 디디에가 내게 들려준 바에 따르면, 그가 피에르 부르디외와 20여 년 동안 관계를 이어가던 시절, 부르디외에게 전화를 걸면 전화를 받던 그의 아내는 남편을 향해 이렇게 말하곤 했다고 한다. "피에르, 네 번째 아들이 전화했어요."

디디에는 세대 간 관계를 가족의 어휘로 이해하려는 경향은, 제도화된 틀 바깥에 있는 서로 다른 세대 간의 유대를 지시할 수 있는 고유한 언어가 부재하기 때문이라고 지적한다. 또한 이러한 관계를 해석하는 방식 속에는, 대체로 연장자가 젊은이들과의 접촉을 원한다고 전제하고, 그 반대의 경우는 거의 상상하지 않는 지각의 편향이 깊이 자리하고 있음을 드러낸다. 그리고 그는 그러한 편향이 서로 다른 연령층 간에 이루어지는 성적 관계를 향해 널리 작동하는 의심의 시선에서도 동일하게 나타난다고 덧붙인다.

연령이 다른 사람들 사이에서 형성되는 관계 문화를 우리는 흔히 나이 든 이들이 사회적 노화의 강한 압력에 맞서기 위해 젊은 세대와 접촉하려는 방식으로 해석하곤 한다. 물론 이러한 심리적 차원은 중요한 요소다. 그러나 그것만으로는 이 관계 유형에서 무엇이 문제화되고 있는지를 충분히 설명할 수 없다. 세대 간 관계가 가능하게 하는 경험 중 핵심 하나는, 거꾸로 젊은이들이 자신보다 나이가 더 많은 이들과 접촉하는 경험이기도 하다. 이때 각자는 자신에게 부과된 연령 정체성과 행동 양식, 그리고 그로부터 비롯되는 제약들로부터 일정한 거리를 확보할 수 있다. 말하자면 특정한 역할이나 자기 이미지에 갇히지 않을 가능성이 열리는 것이다. 우리가 영위하는 이러한 관계 형태 덕분에, 사람은 통상 삶의 서로 다른 시기에 경험한다고 여겨지는 태도나 감정 들을 동시에 체험할 수 있다. 다시 말해 스무 살이면서 서른 살이고, 또 쉰 살일 수 있는 셈이다. 여기에는 "젊음을 연장한다"거나 일찍 늙는다는 뜻이 들어 있지 않다. 서로 다른 연령대의 사람들과 강도 높게 관계를 맺는 일은, 같은 연령 집단 안의 관계가 허용하지 않는 경험의 누적과 세계에 대한 다층적 관계로의 접근을 열어준다. 그러므로 이 관계의 핵심은 동질화가 아니라, 오히려 다양화에 있다. 디디에는 때로 밤새 노래하고 농담하며 술을 많이 마신 뒤 새벽 네 시에 돌아오기도 하는데, 대개 청소년들이 할 법한 일로 여겨지는 행위다. 반대로 에두아르는 열아홉, 스무 살 무렵부터 이미 성인기에 속한다고 여겨지는 진지함과 엄격함의 태도로 일과 글쓰기에 임했다. 그는 주말마다 술집을 찾기보다는 혼자 독서하며 저녁 시간을 보내곤 했다.

일반적으로 특정 연령에 결부되어 있다고 여겨지는 행동들은 생물학적 속성의 반영이 아니라, 대체로 사회적 공간 안에서 개인이 점유한 사회적 위치, 그리고 그 위치에서 채택된 사교의 형식을 반영한다. 그러므로 생물학적으로 젊다는 사실 자체가 발명과 운동성, 불안정성으로 향하게 만드는 것이 아니라, 어떤 장에 새로 진입한 이의 위치, 혹은 더 자유로운 삶의 방식을 택한 이의 상태가 그러한 성향을 낳는 것이다.

세대가 다른 사람들이 함께 살아가는 관계는, 관계 내부에서든 그 관계가 가능케 하는 여러 만남 속에서든, 혼종성과 뒤섞임의 문화를 만들어낸다. 우리가 함께, 혹은 각자 교류하는 이들의 나이는 열아홉에서 아흔다섯까지 폭넓게 펼쳐져 있다. 이러한 뒤섞임은 벤야민이 지적했던 학생의 삶과 성인의 삶 사이의 사회적·심리적 공모관계를 벗어나, 독자적인 삶의 양식을 형성한다. 연령의 경계를 흐리게 만드는 일은, 이른바 삶의 서로 다른 시기에 속한다고 여겨지는 태도들을 더 이상 단계적 국면으로 보지 않게 한다. 오히려 그것들을 한 존재 안에 공존하는 여러 조각, 곧 자기를 이루는 편린으로서 동시에 체험하게 한다. 그리고 바로 그 때문에 이 편린들은 한 존재 안에서 시간에 따라 지속되며, 그 지속성은 결국 고유한 정체성을 발명하는 근원이 될 수 있다.

4장

써나가야 할 삶

1

디디에와 에두아르, 그리고 나의 삶에서 우정이 차지하는 비중은, 우리가 글쓰기를 매개로 서로 연결되어 있지 않았다면, 분명 지금과 같을 수는 없었을 것이다. 더 엄밀히 말해, 그 공동의 실천이 없었다면 이 우정은 애초에 성립되기 어려웠을 것이며, 설령 성립됐다 하더라도 오늘날과 같은 밀도와 강도에 이르지는 못했을 것이다. 우리가 모두 저자라는 사실은 관계를 꾸미는 주변적 장식이 아니다. 그것은 우정의 가능 조건이며, 동시에 우정이 도달하는 지점이기도 하다. 다시 말해, 그 조건은 우정을 낳고 지속시키고, 우정의 내용뿐 아니라 우리의 삶 전체를 관통하는 실존적 의미와 어떤 필연성까지 부여한다.

무엇보다 상징적 창작과 관계의 창조가 서로 얽혀드는 이유를 해명해주는 물질적 결정 요인들을 결코 과소평가해서는 안 된다. 글쓰기와 지적 노동은 몇 가지 전제를 요구한다. 그런데 이 전제들은 문화사회학의 시야 안에서도 좀처럼 분석 대상으로 떠오르지 않는다. 그러나 그 조건들 없이 글쓰기는 성립될 수 없다. 어떤 삶의 양식은 글쓰기에 헌신할 가능성을 마련해준다. 그리고 동시에, 창작을 향한 어떤 열망은 새로운 삶의 양식을 발명하려는 욕구와 필연성을 낳고, 시간과 사회적 의무, 그리고 삶의 근심들과 맺는 관계 자체를 새롭게 구성하도록 만든다. 나는 글을 쓸 시간이 없다고 하소연하는 이들을 얼마나 많이 봐왔던가? 그런데 그들 가운데 적지 않은 이들은 여러 아이를 두는 삶을 스스로 선택했다. 생각해보면, 얼마나 많은 작품이 끝내 세상에 모습을 드러내지 못했던가? 글을 쓰는 대신 아이들과 놀이터로 향하고, 생일 모임을 준비하고, 가족의 점심 자리에서 지루함을 견뎌야 했기 때문이다. 또 얼마나 많은 작품이, 아이가 태어났다는 이유 하나만으로, 채 완성되기도 전에 사라져야 했던가?

귀스타브 플로베르가 "영감이란 매일 같은 시간에 책상 앞에 앉는 것이다"라고 말했을 때, 그 지극히 정확한 진술은 영감이 어떤 임의적 선물처럼 내려오는 것이 아니라, 거기에 접근하기 위해서는 반드시 일정한 조건이 마련되어야 한다는 사실을 환기하는 것이 아니겠는가? 물론 작가가 되기 위해 가족적 삶, 곧 부모로서의 삶의 형식에서 멀어져야 한다고 단정할 수는 없다. 그런 주장은 곧바로 역사적 사례들에 의해 반박될 것이다. 그러나 동시에, 바로 그 삶의 형식이 창작에 가하는 제약을 결코 가볍게 보아서는 안 된다. 예컨대 토니 모리슨은 자주 이렇게 말했다. 아이들이 깨어나기 전에 글을 쓰기 위해 새벽에 일어나야 했으며, 때로는 누군가가 아이들을 대신 돌봐주어 자신에게 필요한 시간과 고요를 확보할 수 있기를 간절히 바랐다고. 더 나아가 우리는 묻지 않을 수 없다. 얼마나 많은 이성애 남성이 가사와 돌봄을 아내에게 전적으로 떠넘긴 덕분에, 자신의 작품에 몰두할 수 있었던가? 그리고 바로 그 구조 때문에, 얼마나 많은 여성이 오랫동안 글 쓸 가능성 자체로부터 배제되어왔던가?

우리의 관계가 글쓰기와 우정 사이의 완전한 접합을 통해 작동한다는 사실은, 이러한 외부적 물질 조건들에 대한 고려만으로 설명되지는 않는다. 우정은 결코 작가적 삶의 부차적 요소로 축소될 수 없으며, 마치 그것이 오로지 오락과 휴식, 여가의 공간이거나, 또는 단지 어떤 가능 조건에 불과한 것처럼 취급되어서는 안 된다. 우정은 작품 그 자체에 직접 작용하지 않을지라도, 문화 장과 맺는 관계에 개입하고, 하나의 하비투스 세계와 관계 맺는 방식을 형성한다. 그리고 이러한 요소들은 마침내 이후의 글쓰기를 구성하는 재료가 된다. 우정이 상징적 창작 활동과 맞물린 하나의 삶의 양식이 될 때, 관계로서의 창조는 사유하는 방식들, 글쓰기의 양식들, 제도에 대한 태도에 영향을 미친다.

데니스 C. 라스무센은 데이비드 흄과 애덤 스미스를 결속시킨 관계를 다룬 한 저서에서, 지적 역사 서술이 우정의 위상을 주변으로 밀어내려는 경향을 지닌다고 지적한다. 우정이 마치 지적 삶의 부차적 차원에 불과한 듯 취급된다는 것이다. 그는 두 사람의 전기작가들이 거의 서른 해에 걸쳐 깊게 지속된 이 관계를 사실상 언급하지 않은 채, 오히려 주변적이고 사소한 논쟁들에 과도한 지면을 할애해왔다고 말한다. 나 또한 이 책을 읽고서야, 두 사람 사이에 그토록 긴밀한 교감과 상호 지지가 존재했음을 비로소 알게 되었다.[*]

예컨대 라스무센은, 1776년에 흄과 장 자크 루소 사이에 벌어진 논쟁에 대해 역사학자들이 수많은 연구를 발표해왔다는 점을 지적한다. 당시 루소는 생활을 이어가기 위해 보호와 피난처를 찾고 있었고, 흄은 그에게 영국 왕실의 도움을 제안했다. 그러나 루소는 왕권에 종속됨으로써 자신의 독립성을 잃고 싶지 않다는 이유로 이를 거절했다. 이후 두 사람 사이에는, 한 작가가 권력의 재정적 지원을 받으면서도 자유로울 수 있는가라는 문제를 둘러싸고, 유럽 여러 신문에 실린 팸플릿을 통해 격렬한 논쟁이 벌어졌다.

---

[*]   Dennis C. Rasmussen, *The Infidel and the Professor. David Hume, Adam Smith and the Friendship That Shaped Modern Thought*, Princeton, Princeton University Press, 2017[데니스 C. 라스무센, 『무신론자와 교수: 데이비드 흄과 애덤 스미스, 상반된 두 거장의 남다른 우정』, 조미현 옮김, 에코리브르, 2018].

그 논쟁은 분명 요란했고, 때로는 격렬하다고까지 말할 만했다. 그러나 그 소란은 길어야 몇 달을 넘기지 못한 채 곧 잦아들었다. 라스무센에 따르면, 그 사건은 흄의 삶과 사유가 형성되는 과정에서 전적으로 부차적인 국면에 불과했다. 그럼에도 흄의 전기들에서, 수십 년 동안 그의 곁을 지킨 친구 스미스보다 루소가 훨씬 더 큰 비중을 차지한다는 사실은 역설적이다.

이 같은 우정의 말살은 아마도 상당 부분 문화 장 내부에 존재하는 부정주의적 편향, 니체식으로 말하면 반동적 편향으로 설명될 것이다. 즉 저자들의 행로를 대립과 충돌의 프리즘을 통해 읽어내려는 경향이 있다는 뜻이다. 그 결과 이상하게도 한 저자는 자신이 참여했던 갈등들, 곧 부정의 부정으로서 더 선명하게 규정된다고 여겨지는 갈등들을 통해 정체성이 부각되는 반면, 그가 지금의 그가 되도록 떠받친 교감들, 곧 긍정적으로 규정될 수 있는 관계적 경험에 의해 규정될 가능성은 오히려 가려진다. 그러나 이러한 편향이 생기는 또 하나의 이유는, 갈등이 친밀한 관계보다 훨씬 더 많은 흔적을 남긴다는 데 있다. 특히 갈등은 기록으로 남는 경우가 많다. 이를테면 사르트르와 보부아르 사이의 깊은 교감을, 보부아르가 『회고록』을 쓰지 않았다면 우리가 과연 얼마나 알 수 있었겠는가. 반면 친밀한 우정 관계들이 작용하는 방식은 분산되어 있으며, 실천적·관성적인 것에

조용히 스며든다. 그러나 이야말로 이러한 관계가 가장 내
밀한 효과들을 산출할 수 있음을 설명해준다. 역설적으로
말해, 이 비가시성이야말로 실효성을 설명한다.

2

물론 우리의 관계는, 저자로서의 삶을 함께 나누고 글쓰기에 관한 일정한 관념을 공유함으로써, 우리의 삶이 서로 이어지는 하나의 공간으로 기능한다. 그리고 그 공간의 작동 속에서 디디에는 특수한 위치를 점한다. 그는 에두아르와 나보다 연장자일뿐더러, 무엇보다 이 관계가 그의 삶과 우리의 삶에 스며들기 훨씬 이전부터 이미 충실한 저작 세계를 구축해온 작가였기 때문이다. 미셸 푸코의 전기에서 『랭스로 되돌아가다』에 이르고, 『게이 문제에 관한 성찰』과 『소수자의 도덕 *Une morale du minoritaire*』에 이르기까지, 그의 저작은 이미 단단한 지층을 이루고 있었다. 반면 에두아르와 나는 이 관계의 내부에서, 곧 이 관계가 열어준 자리로부터 글쓰기를 시작했다. 더 정확히 말해, 우리가 쓴 책들은 이 관계가 존재했기에 비로소 가능했다.

디디에는 에두아르와 나에게 글쓰기로 향하는 길을 열어준 결정적 존재였다. 다만 여기서 나는 그를 '모델'이나 '길잡이'라 부르고 싶지 않다. 그런 표현들은 명시적 지시와 지도, 곧 누군가가 앞서서 방향을 가리킨다는 관념을 불러오기 때문이다. 실제로 이 경우에 작동한 것은 오히려 그 반대였다. 그것은 일상의 대화 속에서 하루하루 축적되는, 실천적 전승에 더 가까운 방식이었다. 반사적으로 몸에 밴 태도들, 자명해 보이는 판단들, 감각과 제스처, 취향과 혐오가 조금씩 마음속에 새겨졌다. 그리고 이러한 축적은 스스로를 작가로 사유할 가능성을 열어주었고, 이후 문학적·이론적 삶 속에서 자신의 리듬과 기준을 마련해가는 방식으로 이어졌다.

모델은 시간을 넘어 전해지며, 세대를 가로질러 확산될 수 있다. 디디에는 자신의 저작 상당 부분을 제도 바깥에서, 그리고 그에 상응하듯 우정으로 엮인 관계망 속에서 써내려갔다. 그는 사르트르와 보부아르의 삶의 양식, 저자에 대한 그들의 관념, 그리고 그들이 구현한 자유를 하나의 거울로 삼아 작가로서의 주체를 형성해갔다. 또한 푸코와 부르디외와 맺은 깊은 연대를 통해서도 자신의 자리를 공고히 해나갔다. 에두아르와 나는 디디에에 대한 일종의 동일시, 곧 그를 닮고자 하는 열망을 통해 작가가 되었다. 그리고 그 열망은 그가 닮고자 했던 이들을 우리 또한 닮아가려는 지향으로 이어진다. 그 결과 여기에서 작동하는 것은, 제도 밖에서 의식되지 않은 실천적 상호작용과 비공식적 관계 속에서 은밀하게 이루어지는 세대 간 전승이다. 삶의 양식과 주체적 열망들이 그렇게 전해지며, 이러한 전승은 서로 알지도 못했고 만난 적도 없는 작가들까지 서로 이어준다.

2012년 말, 에두아르가 『에디의 끝』 원고를 쇠유출판
사에 보냈을 때, 그는 헌사에 이렇게 적었다. "나의 대자對自,
디디에에게." 이 표현은 사르트르의 개념을 빌린 것으로, 주
체가 자신을 미래로 투사하고 자기 자신에게서 벗어나 다
른 존재가 될 수 있게 하는 힘을 가리킨다.

그러나 그는 이후 교정 과정에서 이 문장을 수정했고,
최종본에는 더 간결한 헌사인 "디디에 에리봉에게"가 실렸
다. 그럼에도 초기 헌사의 흔적은 이탈리아어판에 남아 있
다. 번역자가 최종본이 아니라 교정쇄를 바탕으로 작업했
기 때문이다. 그 이탈리아어판에는 "나의 대자, 디디에에게"
라는 문장이 그대로 보존되어 있다.

나의 대자, 디디에에게.A Didier, il mio Per-Sé

3

디디에는 먼저 에두아르와 나로 하여금 스스로를 작가로 사유할 수 있게 했고, 글을 쓸 권리까지 부여해주었다. 내가 디디에를 처음 만났을 때는 에두아르와 내가 만나기 10년 전으로, 나는 아직 학생이었다. 그러나 그 무렵부터 작가가 되겠다는 열망은 서서히 선명해져만 갔다. 디디에와 당시 그의 친구들을 함께 만나는 일. 그가 살아가는 방식과 글을 쓰고 출판하는 과정을 곁에서 지켜보는 일. 책과 잡지 들이 곳곳에 흩어져 있는 그의 아파트에서 함께 저녁을 먹는 일. 이러한 경험들은 나를 자연스럽게 책의 세계 속으로 들여놓았다. 디디에는 나를 격려했고, 일정한 기준을 제시했으며, 그러한 열망이 가능하고 사유될 수 있는 것으로 자리 잡게 해주었다. 마찬가지로, 디디에가 아미앵대학에서 에두아르를 만난 순간부터도 그러했다. 함께 저녁을 먹으며 에두아르가 자신의 과거와 현재, 가족, 자신이 겪은 폭력에 대해 들려주었을 때, 디디에는 그에게 말했다. "그 얘기, 책으로 한번 써보면 좋겠어요." 에두아르는 주저하며 자신에게는 그런 일을 해낼 능력이 없다고 말했다. 디디에는 단호하게 덧붙였다. "해보기 전엔 모르는 거예요." 그러자 에두아르는 이미 비슷한 이야기를 디디에가 『랭스로 되돌아가다』에 쓰지 않았느냐고 반박했다. 디디에는 거듭 강조했다. "써보면 금방 알게 될 거예요. 분명 완전히 다른 이야기가 될 겁니다." 실제로 내가 디디에와 함께 『에디의 끝』 원고를 처음 읽었을 때의 놀라움은 지금도 생생하다. 우리는 처음에는 에두아르가 우리처럼 에세이를 쓰게 되리라 예상했다. 그의 어린 시절 이야기를 들었음에도, 우리는 이런 책이 나오리라고는 전혀 기대하지 못했다. 극렬한 폭력의 묘사와 그 형식이 지닌 문학성은 전적으로 새로운 것이었다. 디디에가 옳았다. 글쓰기라는 과정을 통과하는 동안 에두아르의 작업은 고유한 방향성을 띠기 시작했고, 마침내 하나의 독자적 형식으로 자리 잡았다.

마찬가지로, 내가 디디에를 만난 지 오래지 않아 에두아르를 처음 보았을 때도 그가 언젠가 작가가 되리라는 사실은 분명해 보였다. 마치 그가 작가가 되어가는 과정이, 우리가 막 형성해가고 있던 우정과 함께 자라나는 듯 느껴졌다. 그래서 2011년 1월, 내가 그에게 나의 책 『창조의 논리 *Logique de la création*』를 선물하며 남긴 헌사는 다음과 같았다. "창작의 문턱에 선 에디에게." 에두아르가 자신의 이름을 영구히 바꾸기 전이었다.

피에르 부르디외는 『구별짓기』에서, 대부분의 사회적 활동에서의 기술적 능력이 실은 사회적 능력의 결과임을

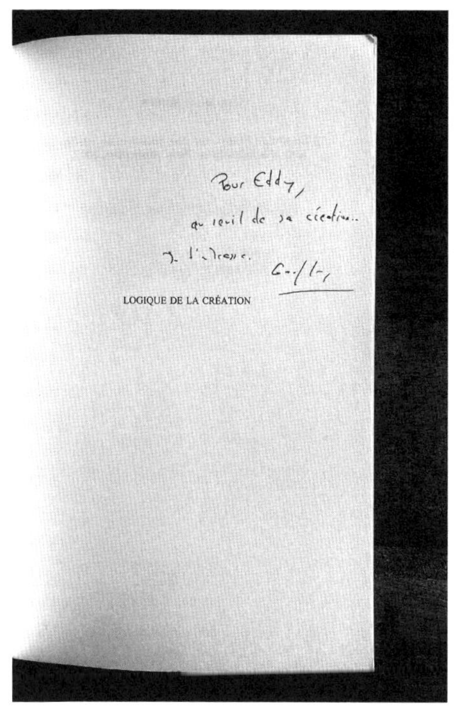

LOGIQUE DE LA CRÉATION

창작의 문턱에 선 에디에게. Pour Eddy, au seuil de sa création – Geoffroy

강조한다. 어떤 일을 수행할 수 있다고 스스로를 정당화하고, 그 가능성을 허용받으며, 나아가 능력을 인정받는다는 감각 자체가 실제로 그 일을 해낼 능력을 부여한다는 것이다. 그 감각은 특정 활동에 시간을 기울이게 하고, 그 활동을 신뢰하게 하며, 마침내 그 활동에 대한 실제적 숙련이 발전하도록 이끈다. 겉으로는 재능이나 능력의 차이처럼 보이는 것들 가운데 상당수는, 실은 사회적 정당화와 격려, 그리고 자기 자신에 대한 믿음의 차이에서 비롯된다는 점을 그는 말한다. 부르디외는 이 논점을 정치 분석의 맥락에서 한층 더 밀고 나간다. 개인은 자신에게 정치 영역, 곧 정치적 결정에 참여할 정당성이 있다고 느낄수록 그 영역에 관한 지식과 이해를 더 많이 축적하게 된다. 반대로 정치적 박탈감은 정치에 관여할 정당성이 없다는 감각에서 비롯된다. 그리고 이 감각은 특히 학력과 교육의 부재, 혹은 젠더에 의해 강하게 규정된다. 정당성 결여의 감각은 대체로 대중계급[†]에서 두드러지며, 그중에서도 여성들에게서 훨씬 더 강하게 나타난다.

[†] 부르디외에게 계급이란 경제·문화·사회·상징자본이 결합하는 방식에 따라 지배계급, 중간계급, 대중계급으로 나뉘는 사회적 위치이며, 이는 개인의 능력 차이가 아니라 사회가 자본과 정당성을 어떻게 분배하는가에 의해 형성되는 구조다.—옮긴이

사회적 세계, 특히 문화적 세계에서 집단들 사이의 경계, 그리고 무엇보다 서로 다른 지위들에 대한 차등적 접근은 위협에 의해 작동할수록 더 쉽게 재생산된다. 여기서 위협이란 수치심을 주입하는 일이며, 이와 동시에 사회적 스펙트럼의 반대편에서는 자명한 자기 확신과 권한감이라는 감각이 주입된다. 따라서 자격 없음과 비정당성의 감정이 생산되고, 이는 자기 배제의 행태를 촉진한다. 이처럼 강력한 작동 논리에 맞서 균형을 이루거나, 나아가 그것을 멈추게 할 수 있는 것은 오직 몇 가지 종류의 실천뿐이다.

우정적 관계성과 친밀성은 제도화된 논리, 특히 제도적 규범의 바깥 혹은 그 곁에서, 때로는 그에 대항하여 작동할 수 있는 잠재력을 지닌다. 따라서 이러한 관계가 탄생하는 만남은 기존 질서가 예정해둔 결과를 단순히 반복하는 대신, 그 결과를 저지하거나 기존 흐름을 뇌놀릴 수 있는 드문 연대와 결속의 가능성을 생성하는 공간을 이룬다. 이 관점에서 보면, 교수와 학생 사이의 친밀한 관계들을 일률적으로 금지하고 규정하는 오늘날의 규범들, 그리고 진정한 관계와 문제적 관계를 도덕적 선으로 단정적으로 구획하려는 신보수적 태도들은, 직접적이든 간접적이든 계급적 결정 구조를 강화하는 효과를 낳는 것이 아닌지 묻게 된다. 학교와 대학이라는 환경에서, 제도화된 형식을 벗어나는 관계만이 때로는 사회적 기적을 가능하게 하거나, 미리 배정된 사회적 경로를 비껴가게 만들 수 있기 때문이다. 결국 체계가 예상하지 못한 관계들만이 기존 제도의 작동에 맞서 그 힘을 흔들 수 있다.

『랭스로 되돌아오다』에서 디디에는 자신이 열세 살 혹은 열네 살 무렵, 또래의 한 소년에게 품었던 애정이 어떻게 자신과 문화의 관계 전체를 완전히 재규정하게 이끌었는지를 들려준다. 이 일화는 애정의 논리와 일상적 상호작용이 주체 형성에 갖는 결정적 중요성을 선연히 드러낸다. 그 소년은 대학교수의 아들이었다. 학교 문화에 익숙한 하비투스를 지니고 있었고, 음악과 책은 응당 원래부터 있는 것처럼 그의 세계를 이루고 있었다. 반대로 노동자 부모 아래에서 자란 디디에는 공인한 문화, 곧 학교 문화에 본능적으로 저항하고 그것을 멸시하며, 그에 대항해 자신을 세우려는 경향이 강했다. 사회학적으로 보자면, 이는 그가 교육 제도 안에서 스스로 탈락하도록 이끌었어야 할 조건들이었다. 그러나 그 소년에 대한 사랑과 매혹, 그리고 두 사람 사이의 교감은 디디에로 하여금 자신과 문화의 관계를 다시 설정하도록 추동했다. 그는 소년을 사랑했기 때문에, 그가 사랑하는 문화 또한 사랑하고 싶어졌고, 그를 닮고자 문화를 모방하기 시작했다. 그리고 그것은 그의 삶을 바꿔놓았다. "잠시 스쳐 지나간 이 소년은 나에게 책의 즐거움을, 글이라는 것에 대한 다른 관계를, 그리고 문학적 혹은 예술적 신념에 대한 어떤 동조를 안겨주었다. 처음에는 그저 흉내일 뿐이었지만 날이 갈수록 조금씩 더 실제가 되어갔다." 에두아르 또한 『변화: 방법 *Changer: méthode*』에서 우정이 그의 삶의 궤적에서 얼마나 큰 힘으로 작동해왔는지 말한다. 처음에는 고등학교 시절 거의 자신의 분신이 될 뻔했던, 대학교수의 딸 엘레나와의 우정이 그러했고, 다음에는 한때 자신의 담당 교수였던 디디에와의 우정이 그러했다. 그리고 그 밖의 여러 우정 역시 그의 행로 위 몇몇 결정적 국면마다 환대와 변형, 격려의 원리로 작동했다.

사회적 세계는 모든 차원, 모든 수준에서 검열의 논리에 관통되어 있다. 그리고 바로 그렇기에 삶의 모든 국면에서 친밀한 관계성은 해방적 역할을 수행할 수 있다. 디디에와의 만남이 에두아르와 내가 작가적 자기주체화의 과정에 들어서도록 기반이 되어준 것은, 우리가 속한 세계, 곧 문학 장과 대학 장이 글쓰기를 장려하거나 자기에게 글을 쓸 권리를 부여하도록 격려하는 공간이 결코 아니기 때문이다. 오히려 이 장들은 푸코가 말한 바와 같이 말하기의 권리를 줄여버리는 희소화 공간으로 작동한다. 그 작동 방식은 영역에 따라 다양한 형태를 취한다. 내가 고등사범학교에 입학해 사회학을 공부하기 시작했을 때, 대학에는 작가라는 형상을 상징적으로 깎아내리려는 일종의 강박이 존재했다. 지식의 공간을 자처하는 대학은 실제로는 반지성주의적 가치가 가장 강하게 작동하는 공간 가운데 하나이며, 자기 이름으로 어떤 작품을 쓰고자 하는 작가적 주체를 끊임없이 폐위시키는 장치들이 가동되는 자리이기도 했다. 그와 반대로 규범으로 세워지는 것은, 자신의 학문 분과 안에 편입된 연구자라는 형상이다. 이미 주어진 집합적 구조들 안에서만 작업을 전개해야 하고, 이미 검증되고 인정되며 제도화된 글쓰기·출판·토론의 장치들 뒤로 자기 형상을 지워버리는 존재 방식이 요구된다. 신참들에게 반복적으로 주어지던 지침은 늘 같았다. 너무 멀리 나아가지 말 것, 지나친 야심을 품지 말 것. 우리 관계가 시작되던 무렵, 에두아르는 파리에서 사회학을 공부하며 연구자의 길 앞에서 망설이고 있었다. 어느 날 밤 그가 보낸 문자 메시지에서 내가 읽은 것은, 대학이 요구하는 '절제'에 그 자신을 맞추려는 태도였다. 그러나 그러한 절제는 우리가 아는 도덕 덕목이 아니다. 그것은 대학이 창조적 열망을 지워내기 위해 오래도록 사용해온 하나의 규율 장치일 뿐이다. 나는 그때 그에게 스피노자의 한 구절로 답을 대신했다. 스피노자는 절제에 가치를 부여하는 태도를 부정적 수동 정서, 곧 경계해야 할 자동적 반응으로 보았다. 이날의 교환은 지극히 사소한 일이었다. 에두아르와 나 사이에 오가던 일상적 대화 속에 자연스럽게 섞여 있던 한 장면에 지나지 않았다. 그러나 내가 믿기로는, 바로 이러한 종류의 상호작용들이 우정이 하나의 대항 권력으로 기능하게 한다. 곧 우정은 주체화의 자리로서, 제도적 논리들이 행사하는 훼손으로서의 작동을 가로막을 수 있다.

겉으로 내세우는 작동 방식과 가치들은 서로 달라 보이지만, 문학 장에서도 이와 유사한 위압의 과정이 작동하고 있음을 어렵지 않게 확인할 수 있다. 작가들을 둘러싸고, 또 작가들 스스로가 유지하려 하는 이미지의 체계는 작가를 멀고 손 닿지 않는 존재로 만들어놓는다. 그 결과 많은 이가 글쓰기를 시도조차 하지 못한다. 출판사는 폐쇄적이고 제한된 장소처럼 비치며, 문화는 스스로를 자유와 해방의 공간이라 주장하지만, 실제로는 수많은 사회적·정치적 위압의 기술들과 긴밀히 얽혀 작동한다. 에두아르는 『변화: 방법』 출간 당시의 일을 내게 들려줬는데, 작가 형성 과정을 다룬 이 책이 나온 뒤, 서점에서 수십 명의 사람이 그에게 이렇게 말했다는 것이다. "저도 글을 쓰고 싶었어요. 하지만 그럴 자격이 없다고 느꼈어요. 선생님과 같은 길을 가고 싶었지만, 글을 쓰고 출판하는 건 저 같은 사람을 위한 일이 아니라는 생각이 들었어요."

그렇다면 어떻게 해야 발화의 권리를 스스로에게 허락할 수 있을까? 어떻게 출판할 권리, 글을 쓸 정당성을 자기 자신에게 부여할 수 있을까? 수많은 장치가 이러한 열망을 꺾거나, 혹은 야심 없는 글쓰기를 부추김으로써 결과적으로 글을 쓰지 못하게 만드는 세계에서 말이다. 흔히 이 난점에 대한 심리적 해법은, 글을 쓰고자 하는 사람을 과거의 어떤 작가, 하나의 준거, 혹은 특정 학문 체계 뒤로 숨게 만든다. 그래서 그는 이미 제도화된 글쓰기 형식 속으로 흡수되고, 특정 학파를 자처하게 된다. 마치 작가가 되기 위한 조건이 역설적으로 작가로서의 자신을 어떤 체계 속에 해체해버리는 데 있는 것처럼.

친밀한 관계, 그리고 그 관계 안에서 이루어지는 온갖 자기 신뢰의 구축과 자기 격려의 실천들은, 문화적 위압의 장치들에 대한 복종과 단절을 성취할 수 있게 하는 하나의 공간을 이룬다. 나에게 그리고 이후 에두아르에게, 디디에는 문학 장과 대학 장에서 작동하는 이러한 논리에 맞서는 일종의 대항 권력으로 기능했다. 그는 보호자나 감독자가 아니었다. 오히려 보호라는 개념 자체에서 벗어나게 하는 해방자에 가까웠다. 그의 격려는 우리에게 작가로서의 정당성과 글을 쓸 권리에 대한 감각을 일깨워주었다.

디디에는 우리에게 일정한 기준을 제시하곤 했다. 그는 가끔 이렇게 말했다. "책을 쓴다면 『구별짓기』나 『팔월의 빛』† 같은 작품이어야 한다." 그러나 우리가 글쓰기에서

겪는 어려움을 털어놓을 때면, 그는 언제나 경고했다. 작가에게 가장 해로운 것은 글을 쓰기 시작하는 순간부터 '위대한 책'을 상정하고, 도달할 수도 없는 대상을 목표로 삼아 스스로를 압박하는 일이라고. 다시 말해 『감시와 처벌』 같은 책을 쓰지 못할 바에야 애초에 쓰지 말라는 식의 태도는, 좋은 작업을 돕는 것이 아니라 오히려 실행을 마비시킨다는 것이다. 이렇게 보면 두 원칙은 서로 모순되는 듯 보인다. "『구별짓기』 같은 책을 쓰라"와 "그것을 목표로 삼지 마라". 그러나 디디에는 이 두 원칙을 함께 작동시키며, 우리를 두 방향에서 동시에 격려했다. 하나는 가장 높은 야심을 품도록 우리를 이끄는 것이었고, 다른 하나는 학문 장과 문화 장이 행사하는 검열로부터, 더 나아가 위대한 모델들이 불러일으킬 수 있는 위압과 자기 검열로부터 우리를 풀어주는 것이었다. 디디에는 파리에 처음 왔을 때, 자신 역시 작가가 되는 일에 대해 정당성을 느끼지 못했다고 자주 말하곤 했다. 작가라는 정체성은 학교 제도 안에서 자란 사람들에게나 허용된 것처럼 보였고, 자신의 사회적 출신은 그 세계에서 밀려나 보였다. 오랫동안 그는 그 자리가 자신을 위한 것이 아니라는 감각에서 벗어나지 못했다. 실제로 그는 상당 기간 기자 일에 만족해야 했다. 그러나 그에게도 그 정신적 경계를 허물고 제 안에 내면화된 주관적 검열에서 벗어날 가능성을 열어준 것 역시 어떤 친밀한 관계였다.

1979년부터 그는 피에르 부르디외와 우정을 맺었고, 거의 매일 전화로 대화를 나눴다. 부르디외는 끊임없이 그를 격려했다. "책을 쓰세요. 당신은 책을 써야 합니다." 거듭되는 독려 끝에, 마침내 디디에는 문턱을 넘어섰다.

디디에가 우리에게 수행해준 역할은, 부르디외가 그에게 해주었던 역할에 비견될 만한 것이다. 더구나 디디에는 미셸 푸코, 조르주 뒤메질, 클로드 레비스트로스, 자크 데리다, 질 들뢰즈, 마르그리트 뒤라스를 직접 알고 있었다.[§] 그와 함께 이 인물들을 이야기한다는 것은, 그들의 사상적 연관만을 논하는 일이 아니라 일상의 현실까지 나누는 일이기도 했다. 곧 그들이 어떤 사람이었는지, 어떤 어조로 말했는지, 무엇을 두고 말했는지를 공유하는 일이었다. 디디에는 그들에 관한 일화를 자주 들려주었고, 그 덕분에 그들은 우리에게 한층 더 가까워졌으며, 덜 위압적으로 다가왔다.

[§]   디디에, 에두아르, 나 사이에는 우리가 서로 알지 못한 채 공유해온 기묘한 공통점이 하나 있다. 이 책을 쓰기 전까지는 누구도 의식하지 못했지만, 우리 셋을 보이지 않게 이어주고 있던 사실이다. 바로 우리 각자의 첫 출판물이 모두 부르디외를 다룬 작업이었다는 점이다. 디디에에게는 1979년 『리베라시옹』에 실린 『구별짓기』 인터뷰가 있었고, 나에게는 2007년에 출간된 첫 저서 『대학의 제국: 부르디외, 지식인 그리고 저널리즘*L'Empire de l'Université. Sur Bourdieu, les intellectuels et le journalisme*』이 있었다. 에두아르에게는 공동 저작인 『피에르 부르디외: 불복종의 유산*Pierre Bourdieu. L'Insoumission en héritage*』이 첫 작업이었다.

물론 이로써 그들의 중요성이나 저작들의 탁월함을 폄하하려는 것은 아니다. 우리의 관계는 경탄을 낳았고, 그 경탄을 말로 옮길 수 있게 하는 공간이었다. 우리는 그들을 깊이 존경했다. 하루 중 누군가가 유난히 아름답고 강렬하다고 느껴지는 구절을 만나면, 특히 디디에와 지적 인연을 맺었던 작가들의 글에서 그런 대목을 발견하면, 우리는 곧장 그 부분을 서로에게 보냈다. 나는 그 과정에서 에두아르가 자신의 첫 책에 실을 발문을 선택했던 일을 기억한다. 어느 날 내가 마르그리트 뒤라스를 읽다가 『롤 베 스타인의 환희』에 나오는 한 문장을 그에게 보냈다. "처음으로 내 이름이 불리나, 그 이름은 더 이상 나를 명명하지 않는다."

4

작가의 삶은 결국 감각과 강도의 문제이기도 하다. 어떤 곳에서는 마음이 편안하지만, 다른 곳에서는 금세 불편해진다. 어떤 환경에서는 자연스럽게 자리를 잡는 반면, 어떤 환경에서는 자신이 그곳에 속하지 않는다는 사실을 즉각 알아차리게 된다. 디디에와 함께한 시간은 나에게 그리고 뒤이어 에두아르에게, 작가로 살아가는 태도와 글쓰기에 대한 하나의 관점을 체득하게 했다. 그것은 우리가 비교적 이른 시기에 일정한 거리 두기를 익힐 수 있게 해준 태도이기도 했다. 이 거리 두기는 학계의 모든 것으로부터 멀어지겠다는 뜻이 아니다. 디디에는 그곳에서 교수로 일해왔고, 프랑스와 해외의 수많은 학계 사람과도 연결되어 있으며, 우리 역시 그 세계에 정기적으로 개입하고 있기 때문이다. 우리가 거리를 두고자 했던 것은 오히려 대학 장에서 지배적인 가치와 규범들, 그리고 글쓰기와 시간에 대한 지배적 관계 방식이었다.

에두아르는 이제 문학작품을 써나가는 일에 전념하고 있으며, 그에게 대학과의 관계 문제는 더는 주요 과제가 아니다. 나 또한 연구로서의 대학과 거리를 두는 과정을 거치며 지금의 길을 잡았다. 이는 대학이 만들어내고, 또 강요하려 했던 사유의 이미지로부터의 거리 두기라고도 할 수 있다. 사실 나는 학생 시절, 대학이 요구하는 연구 방식에 불편함을 느낀 경험이 있다. 그리고 바로 그 불편함이 내 초기 저서 가운데 하나인『창조의 논리』에서 학문의 장을 분석 대상으로 삼는 계기가 되었다.

몇 해의 시차를 두고 에두아르와 내가 모두 대학에서 불편함을 느꼈고 끝내 그곳과 거리를 두게 된 데에는 주요한 공통 이유가 있다. 디디에와 가까이 지낸다는 것은 곧 다른 방식의 글쓰기 개념과 마주한다는 뜻이었기 때문이다. 디디에가 몸소 보여준 지적 실천과 우리에게 하나의 모델로 자리했던 글쓰기 방식은 언제나 이른바 공리주의적 윤리 위에 놓여 있었다. 글쓰기는 무엇인가에 실제로 기여해야 하며 그 필요성은 글 자체가 아니라 글의 바깥에서 비롯되어야 한다. 반대로 학문 장은 연구를 목적 없는 활동으로 보는 관념 위에서 작동하는 듯하다. 문학 장과 더 일반적으로는 문화 장 역시 예술작품의 내재적 가치를 끊임없이 선언한다는 점에서 같은 구조를 공유한다. 그리고 연구의 무용함은 실제로 그것을 수행하는 사람들 자신에게조차 무용한 것으로 체감되는 경우가 적지 않다. 우리 셋은 모두 롤랑 바르트의『롤랑 바르트가 쓴 롤랑 바르트』에서 학계의 관행적 틀을 풍자한 구절을 무척 좋아한다. "참담=학술 강연,

참담=학술 강연, 지루함=원탁 토론.

지루함=원탁 토론." 대학이 사고에 미치는 영향에는 이러한 지루함과 공허함, 우울함이 함께 얽혀 있다. 어떤 목적도 없이 끝없이 이어지는 말들이 반복되고 사실상 독자조차 존재하지 않는 담론이 생산되는 구조가 지속되고 있기 때문이다.

수전 손택은 회고록에서, 자신이 자칫 대학교수의 길로 들어설 뻔했다는 사실을 깨달았을 때 느꼈던 두려움을 고백한다. 어느 순간 그녀는 모든 조건이 자신을 그 방향으로 몰아가고 있었음에도 끝내 그 삶에 순응하지 않고 빠져나왔다는 사실을 알아차리며 깊은 안도감을 느꼈다고 말한다.

나는 내가 거의 대학생활 속으로 미끄러져 들어갈 뻔했다는 사실을 깨날을 때마나, 섬뜩해신다. 아무던 노력노 빌요 없었을 것이다. 그저 계속 좋은 성적을 유지하기만 하면 됐을 것이다. 아마 영어를 전공했을 것이고, 철학에 요구되는 수학적 재능은 내게 없었으니 그 길은 택하지도 않았을 것이다. 석사과정을 밟고, 조교가 되고, 아무도 관심 가지지 않을 난해한 주제에 관한 논문을 한두 편 쓰고, 예순이 되면 못생겼지만 존경받는 교수가 되었겠지. 오늘 도서관에서 영어학과 출판물들을 들춰보다가 다시 생각했다. 수백 쪽에 달하는 장문의 연구서들, 예컨대 볼테르에게서 '너/당신^{tu/vous}'의 사용, 페니모어 쿠퍼의 사회 비판, 1859년부터 1891년까지 캘리포니아의 잡지와 신문에 실린 브렛 하트의 글들에 관한 서지 목록 같은 주제들. 이런 연구들 말이다. 맙소사, 내가 도대체 무엇에 굴복할 뻔했던 것인가.

우리의 경우, 디디에와의 관계는 그러한 굴복을 사전에 차단해줬고, 그 점에서 우리를 구해준 셈이었다.

5

2020년 10월, 우리 세 사람은 몇 주간 아테네에 머물렀다. 디디에와 나는 에두아르를 만나기 위해 아테네로 향했다. 그는 「누가 내 아버지를 죽였는가」가 파리 시립극장에서 공연된 뒤, 휴식을 위해 우리보다 조금 먼저 그곳에 와 있었다.

아테네에 머무는 동안 에두아르와 나는 오후가 되면 함께 산책을 나섰다. 특히 리카비토스 언덕 주변 산책로를 자주 걸었고, 디디에는 자신이 빌린 아파트에 남아 글을 썼다. 그 무렵 에두아르는 『한 여성의 투쟁과 변신 *Combats et métamorphoses d'une femme*』을 집필하고 있었다. 선날 밤 아니 에르노의 『한 여자』를 다시 읽었던 그는, 에르노가 어머니에 관해 포착한 변화의 징후들이 자신의 어머니에게서도 그대로 나타난다는 사실을 깨달았다고 말했다. 요컨대 자녀의 사회적 변신이 어머니 안에서 어떤 모방 욕구를 불러일으킨다는 점이었다. 에두아르가 사회적 변신을 시작하자 그의 어머니 또한 아니 에르노의 어머니처럼 변화를 욕망하기 시작했다. 그녀는 안 쓰던 말들을 쓰기 시작했고 말투가 달라졌으며, 옷차림도 바뀌고 태도와 마음가짐까지 변해갔다. 에두아르는 이어, 아니 에르노의 경우와 마찬가지로 이러한 변화의 욕망이 자신의 아버지에게서는 전혀 나타나지 않았다고 지적했다. 아버지는 움직이지 않았다. 그는 자신의 사회적 정체성에 더욱 고착되었고, 오히려 그 지배력은 강화되기까지 했다. 에두아르가 변할수록 그의 아버지는 질세라 그대로 남았다. 그 모습은 아니 에르노의 아버지가 자신이 어떤 사람인지에 대한 부끄러움을 느끼면서도 딸이 변해가는 데 원망을 품으며 "나는 너와 같지 않다"를 그녀에게 되풀이해 각인시키던 장면과 겹쳐졌다.

에두아르와 함께 걸으며 사진을 몇 장 찍어 디디에에게 보내고, 그 사진을 두고 이야기를 나누던 중, 나는 내 부모에게도 거의 같은 일이 일어났다는 생각이 들었고 그에게 말했다. 나의 어머니는 아버지와 이혼하고 다른 남성과 만나면서 변화하기 시작했다. 대학 교육을 거의 받지 못했던 어머니는(일부 귀족 가문에서는 여성이 대학에 가기보다 결혼해야 한다고 여전히 여겼다) 새로운 삶의 국면이 열리자, 점차 문화와 책, 현대문학, 예술영화에 관심을 보이기 시작했다. 반대로 아버지는 늘 그랬던 모습 그대로였고, 자신의 삶에서 결핍이나 박탈의 감각은 느끼지조차 않았다.

계급적 배경은 다르지만 왜 비슷한 변화가 일어나는지를 따져 묻기 위해, 우리는 여러 가설을 세웠다. 여성들은 대체로 자신의 삶을 제약과 상실, 방해와 빼앗김의 경험 속에서 해석하는 경향이 있고, 그 때문에 아들의 성장이나 이혼, 자녀의 독립, 새로운 파트너의 등장 같은 계기에서 스스로 다른 존재가 되고자 하는 욕망이 촉발된다는 점. 반면 남성들은 자신에게 부과된 사회적 역할에 비교적 쉽게 동조하고, 그 역할로부터 자아상을 얻으며, 따라서 자신의 삶을 '무언가를 만회해야 한다'는 감각 속에서 살아가지는 않는다는 점. 우리는 이런 논점을 붙들고 대화를 이어갔다. 그러면서 이 문제를 이해하는 데 도움이 될 만한 사회학과 역사 연구가 무엇일지 함께 모색했다. 잠시 뒤 우리는 디디에를 만났고, 이제는 셋이서 이 주제를 더 밀어붙이며 관련 소설과 영화 들을 서로에게 추천했다.

이런 장면들은 지난 10년 동안 우리 셋 사이에서 하루에 한 번, 많게는 두 번씩 거의 매일 되풀이되었다. 우리 관계가 어떤 현실 위에 형성되어 있는지를 제대로 보여주려면, 이런 장면들을 삼천 번, 어쩌면 오천 번쯤 줄줄이 늘어놓아야 할 것이다. 어쩌면 만 페이지가 필요할지도 모른다. 결국 우리 세 사람의 관계는 글쓰기를 일상의 일부로 만드는 시도라 할 수 있으며, 우정이라는 삶의 양식은 글쓰기를 삶의 방식으로 받아들이는 태도와 자연스럽게 맞물리고, 우리의 삶 전체는 이 두 실천을 중심으로 움직인다. 우리의 일상적 삶과 저자로서의 활동 사이에는 엄격한 구분이 없다. 친밀한 관계성이 한편에, 저작 활동이 다른 한편에 놓인다는 식의 분리 또한 존재하지 않는다. 우리가 함께 있을 때, 식사하거나 카페에 앉아 있을 때, 혹은 산책할 때에도 우리는 늘, 그리고 끊임없이 지금 쓰고 있는 것들에 대해 이야기하거나 읽은 것에 대한 해석을 나눈다. 이렇게 우리 셋이 끝없이 독서에 관해 대화하다 보니, 각자는 일상적 대화 속에서 본인이 직접 읽지 않은 작가들에 대해서도 자연스레 지식과 감각을 흡수하게 된다. 그 결과 한 사람의 정신적 지평은 다른 두 사람의 정신적 지평에서 산출된 조각들로 지반을 다지게 된다. 나는 가끔 우리 관계가 하나의 문화적 공장, 곧 팩토리*에 비견될 수 있겠다는 상상을 하곤 한다. 셋이 각자 어떤 입력을 가져와 저마다의 출력을 만들어 내는 곳. 작은 이동식 실험실처럼 끊임없이 혼합과 실험, 교환과 만남이 이루어지고, 그로부터 작품과 실천들이 태어나는 곳.

---

* 앤디 워홀은 1960~1970년대 뉴욕에서 자신이 운영했던 스튜디오를 '팩토리The Factory'라 명명했다.—옮긴이

6

우리의 우정이 작동하는 방식에서 한 가지 관행이 점차 중요한 자리를 차지해갔다. 우리는 이를 '코디네이션'이라 부른다. 이 표현은 내가 2014년 파리 세르지국립고등예술학교 교수로 임용되었을 때부터 쓰기 시작했다. 그곳에서 일하며 알게 된 것은, 예술 교육의 한 축이 학생들이 교수진과 다른 학생들 앞에서 자신의 사유와 작업을 제시하고 토론하는 시간으로 이루어진다는 사실이었다. 회화, 퍼포먼스, 사운드 작업, 영화 등 각자의 작업을 두고 의견을 나누는 이러한 집단적 논의 활동을, 그 학교에서는 '코디네이션'이라 불렀다.

우리는 이 용어를 가져와, 한 사람의 마무리 단계에 들어선 원고에 대해 다른 이가 의견을 전하는 순간을 '코디네이션'이라 부른다. 누군가 자신의 원고가 읽을 만한 단계에 이르렀다고 판단하면, 그것을 나머지 둘에게, 혹은 한 사람에게 보낸다. 며칠 뒤 저자와 원고를 읽은 사람이 만나고, 후자는 원고를 한 페이지씩 짚어가며 의견을 말한다. 문단 구성 같은 세부 문제에서부터 텍스트 전체의 일관성, 반복되는 부분, 밀도가 낮아지는 대목, 나아가 전면 수정이 필요한 구간까지 다룬다. 이 과정은 몇 시간씩 이어지기도 한다. 그러면 저자는 다시 작업에 들어간다. 다음 코디네이션이 있을 때까지. 물론 의견이 언제나 일치하는 것은 아니다. 각자는 여전히 자기 글의 저자다. 어떤 지적은 아무 변화도 낳지 않지만, 어떤 지적은 특정 부분을 완전히 다시 쓰게 만들기도 한다. 때로는 그보다 더 나아가기도 한다. 2016년이나 2017년쯤, 에두아르는 처음으로 써본 소설의 초고를 내게 보여준 적이 있다. 내가 그에게 이 시도는 실패했다고 솔직히 말하자, 그는 결국 프로젝트를 접었다. 그 글은 지금도 그의 컴퓨터 파일 한편에 남아 있다.

어떤 조건이 충족되어야 작가는 정당성과 정직함을 갖춘 비판적 시선이 교환되는 토론과 평가의 공간을 만들어 낼 수 있을까? 대개 우정의 서클은 서로를 감싸는 관계로 묘사되며, 학문 장이나 문학 장에서 이루어지는 평가와 달리 객관적 판단을 낳기 어렵다고 여겨진다. 그러나 실제로는 그 반대가 점점 더 사실에 가까워 보인다. 어떤 의미에서 보자면, 올바른 의견을 들려줄 수 있는 사람들로 자신을 둘러싸고자 하는 작가는 필연적으로 우정적 관계성을 구축하는 데 힘써야 한다. 작가로서 자신을 형성하는 과정과 우정의 수체로서 자기를 형성하는 과정은, 하나의 농일한 실전이 지닌 두 측면으로 이해되어야 한다.

제도나 직업 장은 흔히 '경쟁'의 공간으로 작동하며, 그 안에서는 권력과 대립의 논리가 상호 평가의 형성에 개입하고 인식의 진실성을 왜곡한다. 그러나 동시에 그곳은 '암묵적 공모'가 빈번한 장소이기도 하다. 서로가 서로를 필요로 하는 관계, 시간이나 관심의 부족, 갈등을 피하려는 두려움은 아첨이나 위선에 가까운 행동으로 쉽게 이어진다. 디디에는 『판결로서의 사회』에서 문화 장과 문학 장, 학문 장의 작동 원리 속에 놓여 있는 다양한 공모의 태도를 여러 쪽에 걸쳐 분석했다. 작가는 언제나 자신의 지위, 출판 여부, 작품이 수용되는 방식, 인용과 유통의 문제에 사로잡혀 있다. 이러한 관심들의 집합은 작가로 하여금 지지를 확보 하거나, 어떤 형태의 충돌도 피하려는 행동을 취하도록 만 든다. 예컨대, 내가 너를 인용하니 너도 나를 인용하라, 내 가 공개적으로 너를 지지하니 너 역시 그렇게 하라는 식이 다. 작가의 삶은, 겉보기에는 자율적이고 때로는 고독한 삶 같지만, 실제로는 다양한 상호의존의 관계망 속에서 전개 된다. 그리고 그 과정에는, 온갖 형태의 온순한 복종이 따라 붙는다.

타인에게 진실을 말하는 일, 곧 한 작가에게 이 문단은 손질이 필요하다고 말하거나, 이 장은 다시 써야 한다고 말 하는 일, 나아가 그보다 더 가혹한 평가를 전하는 일은 몇 가지 전제가 갖추어져야만 성립된다. 디디에는 이러한 사 정을 드러내는 일화를 자주 들려주곤 했다. 어느 날 한 지인 이 원고를 읽어달라며 부탁했다. "솔직히 말씀해주십시오. 제게는 진정 어린 견해가 무엇보다 중요합니다." 디디에는 그 원고가 기대에 미치지 못한다는 판단을 숨기지 않고 전 했다. 그 뒤로 두 사람은 다시는 연락을 주고받지 않았다.

푸코가 말년의 글들에서 거듭 강조하듯, 진실을 말하 기란 절로 성립되는 일이 아니다. 그것은 어떤 삶의 방식과 주체가 형성되는 방식을 전제로 하며, 말하는 이와 듣는 이 사이에 특정한 관계가 마련될 때에야 비로소 가능하다. 경쟁이나 공모의 계산에서 한 걸음 물러선 신뢰, 그리고 상대를 해치지 않으려는 배려가 자리할 때 비로소 정직한 말이 힘을 얻는다. 반대로, 가벼운 사교 관계는 대개 무난한 칭찬과 익숙한 수사로 흐르기 쉽다. 이런 의미에서 사랑과 우정은 제도화된 토론장보다 훨씬 더 강력하게 진실의 문화를 형성하는 공간이 될 수 있다. 시몬 드 보부아르가 회고한 장면들에서 보듯이, 그녀나 사르트르가 서로의 원고에 대해 때로는 극히 가혹한 평가를 주고받을 수 있었던 것도 바로 그런 관계가 있었기 때문이다.

우리 세 사람 사이에도 언제나 완전한 정직함이 존재한다고 믿는다면 그건 다소 순진한 기대일 것이다. 우리도 모든 것을 늘 솔직하게 말한다고 단정할 수 없다. 분명 어떤 순간에는, 혹은 과거의 어떤 장면에서는, 누군가가 상대를 다치지 않게 하기 위해 자기 생각의 날을 무디게 하거나 판단의 강도를 낮추었을 것이다. 그런 일은 본질적으로 확인되기 어렵다. 대개 아무도 스스로 그것을 인정하려들지 않기 때문이다. 그럼에도 나는 이러한 조정이 불가피하다고 본다.

어쨌거나 이러한 몇 가지 예외가 가장 중요한 점을 바꾸지는 않는다. 요컨대, 한편에는 비난받고 있다는 감각 없이 판단과 평가를 수용하기가 어렵다는 문제가 있고, 다른 한편에는 관계를 훼손하지 않으면서도 솔직할 수 있다고 스스로에게 허락하기 어렵다는 문제가 있다. 아마 작가에게 가장 큰 난관 가운데 하나는, 아첨이나 편향으로 흐르지 않으면서도 사유와 글쓰기에 실제로 도움이 되는 조언을 건넬 검토자를 찾아내는 일일 것이다. 제도 바깥에 놓여 있고, 그로 인해 제도적 논리의 압력에서 상대적으로 벗어난 공간이라는 점에서, 우정은 이러한 가능성이 열리는 장소 가운데 하나가 된다. 다만 문득 묻게 된다. 이런 장소가 또 어디에 있을까?

8

우리가 토론하고, 참고문헌을 교환하며, 함께 사유하고, 책과 학술 발표를 구상해나가는 수많은 상호작용은 모든 사회 현상과 마찬가지로, 겉으로 드러난 기능을 넘어서는 객관적 기능을 지닌다. 그 안에서는 겉으로 보이는 것보다 더 많은 일이 벌어진다. 상호작용들은 우정이 글쓰기와 창작의 과정을 일상과 삶 속에 내재적으로 새겨넣는 하나의 과정으로 작동한다. 그렇다면 하나의 지적 또는 문학적 작업의 성격과, 글쓰기가 그 작가의 일상생활과 삶의 리듬, 교유 속에 맞물려 있는지 혹은 그로부터 분리되어 있는지의 방식 사이에는 어떤 관계가 있는가? 나는 이 질문이 얼마나 유효한지 확언할 수 없다. 그럼에도 한 가지 자문하게 된다. 사유의 수행이 일상적 삶의 형식 속에, 그 시간성과 전개 속에, 그리고 날마다 이어지는 실천적이며 체험된 관계성 속에 새겨질 때, 그것은 고정된 틀을 따르기보다 그때그때 달라지는 고유한 방식들로 전개된다. 그것은 내재적으로 자생적인 문제 공간 안에서 이루어지며, 문화 장의 통상적 규범들로부터 일정한 자율성을 획득할 수 있다. 반대로, 글쓰기 시간이 개인적 삶과 가족적 삶에서 분리되고,

삶이 둘로 나뉘면, 작가는 때때로 서로 전혀 연결되지 않는 두 가지 삶을 살아가게 된다. 그렇다면 그는 자신의 작업을 외부 형식에 의존하며 진행하게 되기 쉽다. 그리고 외부 형식으로부터 의미를 부여받는 것에 기대게 되면서, 결과적으로는 문화 장에 더 종속된 작품을 만들어낼 가능성이 커진다.

어쨌든 상징적 창작과 관계의 창조가 서로 얽혀 있다는 사실은 우정에 특별한 지위를 부여한다. 우정은 분리된 하나의 공간으로서, 그 안에 참여하는 이들에게 제도화된 문화 장과 직업 장에 대한 대안 공간이 될 수 있다. 그리고 그 결과, 검열과 규범화의 효력으로부터 벗어나는 해방의 과정을 촉진할 수 있다.

그렇다면 우리 문화는 창작자의 형상을 지나치게 고독과 결부시켜온 것은 아닐까? 오히려 창작을 우정과 연결해 다시 사유해야 하지 않을까? 우정은 제도화된 문화 장들에 대해 일정한 외부성을 유지하도록 돕는 주체화의 장치로 작동할 수 있다. 그리고 주제 선택, 글쓰기 방식과 형식이라는 차원에서, 모든 상징적 생산자에게 가해지는 요구들로부터 상대적 자율성을 획득할 구체적인 가능성을 제공한다.

1998년부터 2000년까지 피에르 부르디외는 콜레주 드 프랑스에서 두 해에 걸쳐 에두아르 마네가 수행한 상징 혁명에 관한 강의를 진행했다. 마네라는 인물을 통해 그가 탐구하려 했던 것은, 더 일반적으로 말해 혁명적이거나 이단적이라 치부되는 시도가 성공하기 위해 요구되는 조건들이었다. 다시 말해 상징적 실천이 제도적으로 조직되어온 방식 자체를 근본에서부터 문제 삼을 수 있게 하는 조건들이다. 부르디외는 물론 인상주의라는 새로운 회화 양식이 당대의 살롱(관변官邊)회화와 아카데미즘적 양식에 맞서 등장할 수 있었던 경제적, 형태적, 기술적, 정치적 조건들을 면밀히 검토한다. 그러나 강의가 어느 지점에 이르자, 그는 좀 더 내밀하고 어쩌면 더 근원적인 이유들로 시선을 돌린다. 이 대목에서 강의의 어조는 분명히 달라진다. 아마 그 문제들이 그의 개인적 궤적과 깊이 공명하기 때문일 것이다.

　　부르디외는 이 지점에서 그가 "이단자의 고독"이라 부르는 문제를 제기한다. 어떤 사람이 자신이 속한 장의 기대와 단절하기로 결단하거나, 혹은 사실상 그 기대와 단절하도록 내몰릴 때, 그는 적어도 일정한 기간 고립과 고독을 감수해야 한다. 그는 자신의 장에서 작동하던 인정과 사회성의 규칙에 도전하고, 아직 정당한 것으로 승인되지 않은 새로운 생산 규범을 제안한다. 그 결과 그는 필연적으로 모든 것으로부터 배제된 상태에 놓인다. 부르디외는 마네에 대해 그가 "허공으로 뛰어들어야 했다"라고 말한다. 그리고 사회학적으로 제기되는 문제는, 그가 어떻게 "미치지 않고"

버틸 수 있었는가, 어떻게 "폭력과 모욕, 끊임없는 문제 제기의 눈사태 속에서도"[†] 자신을 지탱할 수 있었는가 하는 점이다.

제도화된 작품 생산과 유통의 형식에서 한 걸음 물러선다는 일은, 필연적으로 자기 자신에 대한 일정한 신뢰를 전제로 한다. 모욕당하고 무시당하며 배척당하더라도, 이단자는 자신을 실패한 예술가가 아니라 저주받은 예술가로 스스로 납득해야 한다. 그는 고립과 공격의 국면 속에서도 제도 앞에서 말할 권리를 자기에게 부여해야 한다. 옳은 것은 나이며, 그것을 말하는 자 또한 나라고. 이단적 행위에는 사회적 인정의 규칙에 맞서 도전하는 능력이 필수 전제다. 더 나아가 그러한 판결이 지닌 효력에서 적어도 잠정적으로 벗어나, 세속적 선택의 어떤 징표도 잡히지 않는 상태에서도 자기 존재를 지속해나갈 역량이 요구된다.

바로 이러한 이유로 아방가르드 운동은 언제나 집단적일 수밖에 없다. 아방가르드의 선두에 서고자 하는 이들은 자신이 속한 예술 장을 규율하는 근본 규칙, 곧 노모스[nomos]와의 단절을 시도한다. 이는 에두아르 마네가 아카데미가

†   Pierre Bourdieu, *Manet, une révolution symbolique*, Paris, Seuil, 2013, p. 246.

규정해온 전통회화의 정의에 정면으로 맞섰던 사례에서 돌출한다. 이러한 단절은 필연적으로 예술가를 제도권과 그에 수반된 공식적 사교 공간으로부터 고립시키고, 따라서 그는 다른 곳에서 지지를 구해야 한다. 다시 말해 자신이 속한 기존 장 바깥의 다른 서클 속에 스스로를 위치시켜야 하는 것이다. 그는 자신의 작품을 창조해야 할 뿐 아니라, 스스로를 지탱해줄 지지 공간까지 만들어내야 한다. 부르디외는 마네의 사례를 통해, 그의 곁을 지켰던 소수의 충실한 친구들, 이를테면 에밀 졸라와 스테판 말라르메 같은 인물들이 마네에게 그의 가치에 확신을 가지도록 지속적으로 격려했다는 점이 결정적인 역할을 했다고 강조한다. 더불어 아카데미에 맞서는 대안적 사교, 전시, 판매의 장소 들, 곧 살롱과 같은 공간들 역시 이러한 지지 체계를 이루는 핵심 요소로 기능했음을 시적한다.

이러한 공간들을 지칭하기 위해, 제도 바깥에서 비공식적인 우정의 네트워크를 통해 형성되는 측면적 격려의 장들을 우선 '대안적 인정의 서클들'이라 부를 수 있을 것이다. 아마도 자기 자신을 인증받고자 하는 논리로부터 완전히 벗어나는 것은 불가능하며, 제도와 맞서는 이들에게 정서적 관계는 때로는 잠시, 때로는 오래도록 제도의 기능을 대신 수행하게 된다. 그러나 동시에 우리는 물을 수밖에 없다. 자생적 인정이라는 개념은 과연 성립되는가? 우리가 스스로 선택하고, 우리를 인정할 자격이 있다고 지명한 사람들로부터 '인정받을' 때에도, 그것을 진정한 인정이라 부를 수 있는가? 인정이 성립하기 위한 전제로서, 우리를 인정하는 이들에 대한 인정이 먼저 요구된다면, 그 인정의 가치는 결국 의심받게 되는 것 아닌가? 인정이 인증의 구실을 하려면 언제나 외부로부터, 다시 말해 나에게 자신을 강제하고 나에 대해 어떤 권리를 주장하는 타자로부터 와야 하는 것 아닌가? 그리고 우리가 그러한 복종을 거부한다면, 그것은 정말로 제도와 분리된 또 하나의 인정 질서를 구성하려는 시도인가? 오히려 우정의 서클들은 인정의 대항 공간이라기보다, 자기 성립과 자율이라는 관념에 기반한 또 다른 창조의 윤리를 성립시키는 공간, 다시 말해 '인정 너머에서' 살아갈 가능성을 열어 보이려는 공간으로 이해되어야 하지 않을까?

9

부르디외가 재구성해 제시하는 마네의 전기는 이단적 실천의 전형을 제공한다. 그러나 거기서 끝나지 않는다. 이 전기는 또한 우리를 불러 세우는 힘으로 작동하여, 지적 또는 예술적 실천에 자신을 바치는 이라면 누구나 자기 실천과의 관계를 새로 규정하도록 만든다. 모든 작가는 자기 삶에서 마네 앞에 놓였던 것과 비슷한 선택에 맞닥뜨리게 된다. 한쪽에는 우정적 관계성 속에 자신을 들여놓는 길이 있다. 그 길은 위험을 동반하지만, 자유를 체험하게 하거나 더 나아가 그 자유를 스스로 쟁취하도록 추동하는 길이다. 다른 한쪽에는 자신이 속한 직업 상의 기대에 복종하며 작품을 구축하는 길이 있다. 다시 말해, 그들의 인정을 얻는 대가로 그들이 행사하는 검열을 어떤 의미에서는 받아들이는 길이다. 이러한 맥락에서 자신의 삶 속에 우정의 자리를 마련하는 일은, 제도에 대한 과도한 순응으로부터 스스로를 지켜내는 주요한 방식이 된다.

부르디외는 저자의 삶에 내재한 이 긴장과 우정적 관계성이 지니는 해방적 잠재력을 객관화할 수 있게 해준 인물이다. 그런데 그의 전기 말미에 등장하는 한 장면은, 이번에는 역설적인 방식으로 다시금 그 사실을 입증한다. 부르디외의 『자기분석을 위한 스케치 *Esquisse pour une auto-analyse*』는 학문적 검열의 논리와 친구에 의해 고무된 실험의 힘이 충돌하며 갈등이 드러나는 한 순간을 보여준다. 다만 이 에피소드에서는 후자가 아니라 전자, 곧 학문적 검열의 논리가 끝내 승리를 거둔다.

디디에는 『판결로서의 사회』에서 『자기분석을 위한 스케치』 비평에 한 단락을 할애하며, 부르디외가 이 책을 쓰던 당시 자신과 나누었던 대화들을 언급한다. 그는 자기분석이라는 형식을 취한 이 저작에서, 부르디외가 스스로 설정한 지위의 이미지로부터 추락하지 않으려는 강박에 사로잡혀 있는 듯 보인다고 지적한다. 부르디외는 자신이 마치 작가적 작업을 수행하는 사람처럼 보이기를 원하지 않았고, 자신의 전기적 삶, 부모, 어린 시절을 경유하며 자신을 드러내는 일을 피하고자 했다. 그 결과 이 책에서는 그가 본래 말해야 할 것들, 곧 초기의 경험과 정서, 감정, 그리고 결정적 만남 들에 대해 끝내 직접 말할 수 없게 제한하는 장치들이 가동된다. 그는 이 책이 오직 자신의 작업을 이해하기 위한 열쇠를 제공하는 과학적 저작이어야 한다고 거듭 주장한다. 이러한 명분은 그로 하여금 독자에게 공개해 마땅한 요소들을 극도로 절제해 선별토록 만들었고, 그 결과 그의 삶이 지적 장과 대학 장에서의 위치로 거의 환원된, 철저히 비인격화된 책이 만들어진다. 그의 삶을 이해하는 데 마찬가지로 필수적인 다른 모든 전기적 요소는 철저히 배제된다.

디디에와 부르디외는 친구였고, 그들의 우정은 학문장의 규범 바깥에서 다른 규칙들에 따라 전개되었다. 부르디외가 자신의 원고를 디디에에게 읽혔을 때, 디디에는 그것이 충분히 급진적이지 않으며 더 큰 자유를 스스로에게 허락해야 한다고 말했다고 전해진다. "너무 조심스럽습니다. 더 멀리 가야 합니다. 장 주네를 다시 읽으세요. 『장미의 기적』을 다시 읽으세요." 부르디외 역시 더 많이 자신을 드러내고, 자기분석의 기획을 한층 더 밀어붙이는 일이 중요했을지도 모른다는 생각 자체는 받아들였다. 그러나 그는 끝내 저항했다. 그는 답했다. "나는 작가가 아닙니다." 그리고 디디에의 제안을 물리치며 덧붙였다. "하지만 동료들이 뭐라고 생각하겠습니까. 내가 미쳐버렸다고 하지 않겠습니까." 이에 디디에는 반문했다. "동료들이 어떻게 생각할지를 걱정하면서, 어떻게 자기분석을 쓸 수 있겠습니까?"

이 이야기는 부르디외가 두 가지 존재의 가능성, 곧 자신을 저자로서 사유하고 글을 쓰는 상반된 방식들 사이에 놓여 있었음을 보여준다. 그리고 이 두 방식은 서로 대립하는 관계적 공간들과 결부되어 있었다. 하나는 우정적 관계성, 그리고 그 관계성이 열어 보이는 자유의 가능성에 의해 떠받쳐졌고, 다른 하나는 지위와 인정에 대한 집착이 불러오는 여러 검열의 효과, 그와 함께 작동하는 대학 제도 내의 관계에 의해 떠받쳐졌다. 부르디외는 우정을 삶의 방식으로, 곧 자신의 주체성이 조직되는 중심 장소로 구축하지 않았다. 그 결과 그의 작업에서는 친밀한 격려보다 학문적 검열이 우세하게 작용했다. 적어도 이 책에 한해서는, 그는 끝내 허공으로 뛰어들지 않았다.

삶과 독서의 공동체로서의 우정, 토론과 지지의 장소로서의 우정은 여러 장이 행사하는 권력과 그 사회화 방식들, 그리고 명시적·암묵적 규범 명령들에 맞서 실천적으로 작동할 수 있는 몇 안 되는 사회적 형식 가운데 하나다. 그게 아니라면 제도화된 문화 생산의 공간, 곧 자기 자신을 둘러싼 장으로부터 우리가 어떻게 거리를 확보할 수 있겠는가? 창작 행위가 자신이 속한 장의 노모스와의 단절 위에 성립한다면, 우리는 어디에서 지지를 찾고, 어떻게 관계를 맺을 수 있겠는가? 이때 우정은 상호부조와 도움, 보호와 격려의 장소로 기능힘으로써 다시 한번 해빙적인 바깥을 생산한다. 그것은 화면 밖 영역 hors-champ 이다.

관계 창조는 하나의 심리적 과정을 떠받친다. 그것은 독립 선언을 닮았으나, 갑작스러운 단절이 아니라 점진적이고 누적적인 형태를 취한다. 조금씩 이루어지고 축적되는 이 과정은, 선언에 그치지 않고 실제로 수행되는 거리 두기를 가능하게 한다. 이때의 거리 두기 대상은 문화적 공간들 자체라기보다, 그 공간들에 부여된 고유한 평가의 원리와 제안의 논리, 그리고 인정의 기준 들이다. 지적인 장 안에서 이러한 관계 창조는 부르디외가『호모 아카데미쿠스』에서 "프리랜스 지식인"이라 불렀던 위치에 접근하게 한다. 그리고 적어도 우리 사례에 빗대자면, 이들은 흔히 '우정에 기반한 지식인'이다.

글쓰기와 우정을 결합된 실천으로 사유하게 만드는 이 공통의 구조는, 디디에에 이어 에두아르와 내가 각기 다른 상징적 실천들의 공적 정의를 거스르는 글쓰기를 선택하게 된 이유를 분명히 드러낸다. 에두아르는 종종 '문학에 맞서는' 문학을 쓰고, 나아가 '정면 대결하는 문학'을 구축하고자 하는 자신의 야심을 말해왔다. 나는 제도화된 권력 체계들, 그리고 사회학과 철학에 내재된 채 따져지지 않은 전제들에 균열을 내는 '대립적' 이론을 제안해왔고, 그러한 기획을 저작들 속에서 전개해왔다. 한편 디디에는 담론적·실천적 장들에서의 '대항 행위' '대항 담론' 그리고 이단성이라는 개념을 그의 작업에서 중심에 두어왔다. 이처럼 우리가 택한 이론적 노선들은 개념 차원에서, 우리가 문학·사회학·철학이라는 제도화된 공간 속에서 공유하던 객관적 위치를 반영하기도 한다.

디디에, 에두아르, 나는 각기 철학과 사회학, 문학과 연극, 소설과 자기서사 등 서로 다른 영역에 속하는 텍스트들을 써왔다. 그러나 우리의 글쓰기는 종종 그 사이의 구분선들, 나아가 각 영역에 고유하다고 여겨지는 글쓰기 방식들 사이의 경계를 흐려놓는다. 예컨대 과거의 나는 지금 이 책과 같은 형태의 작업을 하게 되리라고, 혹은 이러한 방식의 서사와 글쓰기를 언젠가 선택하게 되리라고는 전혀 상상하지 못했다. 그럼에도 우리 세 사람이 함께 거쳐온 관계의 성격은 우리 각자로 하여금 사적인 삶에서든 공적인 삶에서든, 자기에게 자명해 보이던 선택들로부터 벗어나 다른 결정을 내리도록 이끌었다. 불과 몇십 년 전까지만 해도, 사르트르나 보부아르의 사례가 보여주듯 많은 작가가 소설과 철학, 자서전과 연극, 서사와 이론 사이를 비교적 자유롭게 횡단할 수 있었다. 그러나 최근 들어 그러한 가능성은 점차 닫혀버린 듯하며, 장르들 사이에는 더 억압적인 경계가 설정되었고, 혹은 자기 검열이 강화되면서 그 경계가 이전보다 한층 더 선명해졌다고 말할 수도 있다. 이 책은 장르들 사이에 굳어진 구획들로부터 일정한 자유를 획득했기에 비로소 성립될 수 있었다. 그리고 내가 여기서 서술한 이 관계의 경험이 없었다면, 해방은 아마 끝내 도달하기 어려웠을 것이다.

철학과 문학의 구분을 넘어서는 글쓰기 방식을 발명하고자 했을 때, 자크 데리다는 그러한 분류들이 더는 그의 글에 현재적인 규정으로 작동할 수 없고, 다만 오래된 명명으로만 관계할 수 있다고 말한 바 있다. 그는 이를 가리켜 '팔레오니미'[†]라 불렀는데, 학문과 글쓰기의 여러 양식을 팔레오니미화한다는 것은, 활동들 사이의 분할이나 사회적 자기 정의를 조직해온 기존의 장들로부터 직접적으로 산출되지 않는 글쓰기를 실천함을 뜻한다. 다시 말해 그것은, 장이 부여하는 규범과 기준을 그대로 따르기보다 관계의 창조가 제공하는 자유를 활용하여 스스로의 기준을 설정하는 시도다. 바로 이로써 우정은 문화 장에 기여할 하나의 가능성으로 이해될 수 있다.

✝   팔레오니미paléonymie는 데리다가 말하듯, 어떤 분류나 명칭을 완전히 버리지는 않되 그것이 더는 새로운 글쓰기의 실천을 정확히 규정하지 못한다는 점을 전제한 채, 그 명칭을 '옛 이름'으로서만 임시적으로 사용하는 전략을 가리킨다. 다시 말해 낡은 이름은 남겨두되, 그 이름이 전제해온 개념적 질서 곧 경계와 위계, 장르 구획을 내부에서부터 흔들어놓는 방식이다.—옮긴이

5장

인정 너머의 삶

삶의 어떤 영역도 우정이 지닌 해방적 힘으로부터 벗어나 있지 않다. 관계의 발명은 사회적이면서 동시에 내밀한 힘을 지닌 하나의 실천이다. 그것은 우리 각자가 삶의 과정에서 수없이 마주하는 온갖 한계와 박탈, 제약 들에 맞서 정복 가능한 하나의 공간을 열어준다. 이러한 제약들은 삶을 지나치게 비참하게, 지나치게 단조롭게 만들 수 있다. 제도적 힘의 무게와 관성, 사회화의 전통적 틀, 기능과 정체성의 구조가 행사하는 압력은 실로 막대하다. 그것들은 개인의 삶의 궤적과 열망, 존재 방식과 자기 이해를 획일화하고, 무엇보다 수많은 사람 안에 헤아릴 수 없이 깊은 후회를 남긴다. 이러한 논리를 때때로 중단시킬 수 있는 것은, 오직 병행하여 작동하는 암묵적이고 은밀한 메커니즘의 개입뿐이다. 그것이 돌연 출현해 이 질서를 가로막을 때, 어쩌면 우리는 잠시나마 자유를 얻을 수 있을지도 모른다.

사회학은 때로 우리가 원치 않는데도, 심지어 저항하고 있는데도 왜 스스로 제도화된 행위 모델에 복종하는 경향을 보이는지를 이해하려 한다. 이때 사회학은 대체로, 사회적 세계가 우리의 신체와 정신에 가하는 기계적 영향을 강조하는 설명들에 기대곤 한다. 예컨대 사회화, 곧 객관적 구조가 하비투스의 형태로 체화되는 과정이 그렇다. 또한 관습과 규범에서 벗어난 태도가 일탈로 규정되며 억압되는 방식, 그리고 그로부터 파생되는 도덕적 제재 역시 여기에 포함된다. 마지막으로 신체에 가해지는 규범화와 규율화의 과정 또한 이러한 설명들이 반복해서 호출하는 핵심 요소다.

그러나 관계의 창조가 해방 효과를 지닌다는 사실을 확인한다면, 우리는 이 문제를 다시 사유해야 하지 않을까? 다시 말해, 순응을 설명하는 데 기여하는 물리적 힘들만이 아니라, 그와 나란히 더 깊고 더 미묘하며 어쩌면 더 신비로운 다른 심리적 메커니즘들 역시 작동하고 있지 않은지 자문해야 하지 않을까? 나는 이 책의 처음부터, 우정이 하나의 실천으로서 어떻게 작동하는지를 밝히고자 했다. 그 핵심은 우정이 제도적 논리들로부터 일정한 자율성을 획득할 가능성을 제공한다는 데 있다. 더 나아가 우정은, 통상 삶에 의미를 부여하고 우리를 안심시키는 정체성, 특히 부모적·가족적·직업적 정체성으로부터도 거리를 확보하게 한다. 다시 말해 우정은 그러한 정체성들을 잠시 내려놓도록 돕는다. 동시에 그 정체성들이 행사해온 위협과 통제의 권한을 약화시키며, 때로는 그것들로부터 벗어나거나 그것들을 무시할 수 있게 한다. 그 결과 우리는 다른 기준들에 따라 자신의 삶을 펼쳐나갈 힘을 얻는다. 여기서 문제가 되는 것은 삶에 대한 하나의 총체적 표상이다. 그렇다면 사회학 이론은 자기 성찰 속에서 삶의 의미와 제도에 대한 관계를 둘러싼 일련의 사유를 통합해야 하지 않겠는가? 만약 우정의 힘이 자기 삶을 위한 고유한 발판들을 발명하고, 더욱이 소규모 집단 내부의 상호부조가 제공하는 지지에 힘입어 제도화된 존재 양식들에 맞서며 나아가는 하나의 삶이라는 관념과 결부되어 있다면, 우리는 이때 사회 질서 일반의 작동 방식에 관해 어떤 교훈을 도출할 수 있을까?

롤랑 바르트는 『사랑의 단상』을 위한 예비 세미나의 한 대목에서, 청중에게 사랑의 담론과 사랑의 감정을 탐구하는 작업을 정신분석에 의거해 전개하겠다고 밝힌다. 그는 이 선택이 정신분석이라는 학문을 개인적으로 좋아해서 이뤄진 것은 아니라고 분명히 말한다. 오히려 바르트에게 정신분석의 사랑 담론은 "인색하고" "별 설득력을 주지 못하며 꽤나 축소적인" 것에 가깝다. 그럼에도 불구하고, 그가 말하듯 정신분석은 사랑을 위한 자리를 미리 마련해두는 유일한 담론적 공간이다. 다른 곳에서는, 다시 말해 다른 인식론적 체계들 속에서는 "사랑은 퇴출된다".[*]

어떤 담론 혹은 어떤 인식론적 체계가 우정에 하나의 장소를 마련해줄 수 있으며, 그 실존적 힘을 이론적으로 뒷받침할 수 있을까? 내 생각에 그러한 도구들은 사회학, 더 정확히 말하면 피에르 부르디외의 사회학으로부터 마련될

*   Roland Barthes, *Le Discours amoureux*, Paris, Seuil, 2007, p. 58.

수 있다. 바로 그곳에서 우리는 관계의 창조가 지닌 불안정화의 힘이 어떻게 준準형이상학적 질서 논리 속에 뿌리내리는지 포착할 수 있으며, 이러한 개념적 장치를 단련할 수 있다. 그리고 사회 질서의 작동과 재생산을 이해하고자 한다면, 신체와 두뇌에 물적 구조가 끼치는 영향을 배제할 수 없듯, 전통적으로 강조되어온 메커니즘들만으로는 충분하지 않다. 그 옆에서, 이러한 준형이상학적 논리들이 행사하는 작용 역시 분리하고 식별해내는 일이 필요하다.

부르디외는 실제로 사회학이 하나의 중대한 인간학적 소여에서 출발해야 한다고 보았다. 그러나 그 소여는 전통적으로, 그리고 그에 따르면 부당하게도, 형이상학의 영역으로 밀려나 있었다. 그것은 곧 인간을 부조리하고 우연적이며 자의적인 존재로 보는 주제, 다시 말해 유한한 존재이자 죽음을 향해 있는 존재, 자신이 죽을 운명임을 일고 있으며 그 유한성을 견딜 수 없어 하는 존재로 보는 주제이다. 인간의 삶에서 핵심 쟁점은 이러한 우연성과 무상성으로부터 벗어나는 데 있다. 존재에 대한 아무런 필연적 이유도 없는 상태에서 빠져나와, 살아야 할 이유를 발견하고 자기 자신을 정당화하는 것이 인간 삶의 본질적 과제가 되는 것이다. 이는 왜 사회적 세계에서 제도화의 의례들이 중심을 차지하는지를 설명해준다. 의례들은 특정한 개인들로 하여금 그 자신이 존재할 정당성을 지닌 존재라고 믿게 하려는 엄

숙한 순간들이다.[†] 학위나 직함의 수여, 기사 서임, 직책 또
는 명예직 임명, 할례와 같은 행위들이 그 예다. 이러한 상
징 행위는 모두 같은 목적을 지닌다. 곧 하나의 사회적 정
체성을 보증하는 것이다. 그가 누구인지를 알려주고, 그를
어떤 존재로 여겨야 하는지를 지시한다. 동시에 그것들은
그를 구별해내며, 무의미함으로부터 끌어낸다. 그리고 무
가 아니라 무엇인가로서 존재할 자격이 있다는 감각, 다시
말해 자신이 중요하고 의미 있는 존재라는 감각을 확립해
준다.

부르디외에 따르면, 현대 사회에서 국가는 "상징자본
의 중앙은행"[‡]이라는 과도할 정도로 특권적인 위치를 차지
하고 있다. 국가는 훈장과 각종 상징물, 임무 등을 배분하
고, 기능과 직위, 직업을 인증함으로써 임의성과 우연성으
로부터 개인을 끌어내는 권한을 보유한다. 국가는 인간에
게 "존재할 여러 이유 가운데 하나를 부여하는" 힘을 행사
한다. 다시 말해 국가는 "질병과 장애, 죽음에 취약한 우연
적 존재에게도 초월적이며 불멸의 존엄성을 누릴 자격이

[†]　Pierre Bourdieu, *Langage et pouvoir symbolique*, Paris,
Seuil, 2001, p. 186 [피에르 부르디외, 『언어와 상징권력』, 김현경 옮김, 나
남, 2020].

[‡]　op cit., p. 288.

있다고 단언함으로써, 그에게 존재 이유를 부여하는"[§] 힘을
행사한다.

그러나 국가와 제도 기관들이 이처럼 인정과 존재할
자격으로서의 존엄성을 사회적으로 생산하는 일을 거의 독
점하는 구조는 인간이 오직 신비화의 과정을 통해서만 무
의미함으로부터 벗어날 수 있게 할 따름이다. 이 지점에서
부르디외는 삶에 대한 자신의 비극적 관점을 끝까지 밀어
붙인다. 그는 국가가 수행하는 공인의 생명적 기능을 언급
하기 무섭게 곧바로 그것이 인공적 구성물임을 강조한다.
우리가 그토록 집착하고 중시하는 각종 자격과 칭호, 특히
공식적 칭호들은 우리가 그것들이 설정하는 위계와 부여하
는 지위, 그리고 할당하는 기능에 따라 스스로를 이해하고
타인을 분류하기 때문에 중요하게 다뤄진다. 그러나 이런
칭호들은 우리가 흔히, 혹은 부심고 부여하는 합리싱이나
기술적·정신적 근거를 조금도 지니고 있지 않다. 그것들은
결국 신비화에 불과하다. 공인의 의례들은 사회적 마술의
영역, 봉헌에 속한다. 어떤 필연적 근거도 없는 공허하고 자
의적인 행위들이다. 전형적 사례가 바로 시험이다. 시험은

---

§　　Pierre Bourdieu, *Méditations pascaliennes*, Paris, Seuil,
1997, p. 283[피에르 부르디외, 『파스칼적 명상』, 김응권 옮김, 동문선,
2001].

연속적인 것에서 불연속을 산출한다. 부르디외의 표현을 빌리면 다음과 같다. "마지막 합격자와 첫 번째 탈락자 사이에서, 시험은 모든 것과 아무것도 아닌 것의 차이를 심지어 평생토록 지속될 차이로 만들어낸다. 한 사람은 모든 부수적 이점을 지닌 에콜 폴리테크니크 출신자가 되지만, 다른 한 사람은 아무것도 되지 못한다."[1] 요컨대 사회적 기능과 정체성은 오직 무에서 창조된 차이들에 대한 믿음 덕분에 존속된다. 이때 사회학은 이러한 믿음에 기반해 삶의 의미를 가려왔던 온갖 거짓 초월성을 다시 허구와 부조리의 영역으로 되돌려놓는다.

피에르 부르디외는 우리가 사회를 인정과 인간성을 둘러싼 절망적 투쟁이 벌어지는 장소로, 비감한 시선으로 바라보게 만든다. 어쩌면 사회적 투쟁의 핵심 쟁점은 희소한 경제적·문화적·사회적 자원에 대한 접근 자체가 아닐지도 모른다. 왜냐하면 그러한 모든 형태의 자본을 통해, 더 정확히 말해 그것들을 매개로 삼아 궁극적으로 추구되는 것은 상징자본이기 때문이다. 인정, 존재한다는 감각, 중요한 존재로 여겨진다는 감각. 자본은 이처럼 상징자본으로서, 다

---

[1] Pierre Bourdieu, *Langage et pouvoir symbolique*, p. 179[피에르 부르디외, 『언어와 상징권력』].

시 말해 기호이자 중요함의 표지로서 작동한다. 그 결과 사회적 삶은 "알려지고 인정받는 존재가 되기 위한 경쟁"으로 모습을 드러낸다. 부르디외는 『강의에 대한 강의』에서 이를 두고 "신적 사명도 국가적 공인도 없는 인간의 비참함"이라고 단언한다. 그는 이어서 말한다.

> 우리는 신에게 기대하는 것을 결국 사회로부터만 얻는다. 봉헌의 권능을 지닌 것은 사회뿐이며, 사회만이 사실성과 우연성, 부조리로부터 우리를 끌어낼 수 있기 때문이다. (…) 타인의 판단은 곧 최후의 심판이고, 사회적 배제는 지옥과 저주의 구체적 형태다. 인간이 인간에게 신이기 때문에, 인간은 또한 인간에게 늑대가 된다."[*]

---

[*]　Pierre Bourdieu, *Leçon sur la leçon*, Paris, Minuit, 1980, p. 52[피에르 부르디외, 『강의에 대한 강의』, 현택수 옮김, 동문선, 1999].

3

　　내가 부르디외 작업의 이러한 측면을 강조한다고 해서,『파스칼적 명상』의 저자인 그가 현대 정치철학의 특정한 흐름에 힘을 실어준다고 말하려는 것은 아니다. 이 흐름들은 대체로 프랑크푸르트학파의 유산 속에 자리 잡고 있으며, 흔히 '인정 이론'이라는 이름으로 제시된다. 이 패러다임에서 인간의 자기실현은 상호주관적인 관계를 전제한다. 한 인격으로서 자신을 실현하는 일은 상호 인정에 매우 긴밀하게 의존하며, 인간이 자기 자신과 관계 맺기 위해서는 사회적 존중을 누려야 한다고 여겨진다. 이때 사회적 대립은 불평등이나 부정의에 맞서는 투쟁이라기보다, 인정을 둘러싼 윤리적 투쟁 모델에 따라 이해되어야 한다.[†] 피에르 부르디외의 사회학은 이러한 관점의 정반대에 서 있다. 부르디외가 그의 작업에서 만인의 극적 투쟁이란 존재할 정당성을 확보하기 위함이라는 관념에 이토록 큰 중요성을

[†]　　악셀 호네트의 『경멸 사회_La Société du mépris_』(Paris, La Découverte, 2006)를 참조하라.

부여하는 이유는, 바로 그러한 장치들에 급진적인 비판을 수행하기 위해서다. 내가 보기에 부르디외가 우리에게 보여주고자 하는 바는 분명하다. 우리는 가능한 한 인정에 대한 강박, 칭호와 공식적 의례에 대한 물신주의로부터 벗어나야 한다. 다시 말해 타자의 시선에 따라 자신을 주체화하고, 국가가 부여한 분류와 정의에 따라 스스로를 규정하는 방식에서 탈피해야 한다.

어쩌면 부르디외가 남긴 가장 중요한 가르침은 다음의 사실에 놓여 있는지도 모른다. 그는 인정이 곧 신비화라는 점을 보여주는 데서 멈추지 않는다. 그는 더 나아가, 인정은 언제나 그리고 필연적으로 배제를 동반한다는 점을 분명히 한다. 사회적 세계 위에 드리운 저주는 상징권력이 본질적으로 대조를 세우고 차이를 새기며 구별을 생산한다는 데 있다. 모든 성스러움에는 그에 상응하는 세속성이 있고, 모든 구별은 그에 따르는 속됨을 낳는다.[‡] 그러므로 "구별된 계급이 존재Être에 접근하는 것"은 불가피하게 "보완적 계급이 무Néant, 혹은 덜한 존재로 추락하는 것"[§]을 그 대가로 치

---

‡　Pierre Bourdieu, *Langage et pouvoir symbolique*, p. 186[피에르 부르디외, 『언어와 상징권력』].

§　Pierre Bourdieu, *Leçon sur la leçon*, p. 52[피에르 부르디외, 『강의에 대한 강의』].

르게 만든다. 모든 공인 행위와 인정의 작동은 특정한 규범이나 기준에 따라 이루어진다. 따라서 그 기준을 충족하지 못하는 이들에게는 필연적으로 배제의 효과와 지위상의 비참함이 발생한다. 우리가 제도에 우리를 인정할 권능을 부여하고 그 안에서 존재할 이유를 찾고자 하는 한, 우리는 하나의 배제적 체계를 안정화하게 된다. 이 체계에서는 어떤 이들의 상징적 삶이 다른 이들의 상징적 죽음을 낳는 구조, 존재와 저주가 대립하는 구조로부터 벗어나는 것이 불가능하다. 죽음에 대한 불안과 존재의 부조리에서 벗어나려던 형이상학적 필요성은, 역설적으로 우리가 이러한 체계에 협력하도록 만드는 근본적 동력이다. 그 결과 우리는 타인의 배제와 격하를 통해서만 자신으로 존재하고 정체성을 유지할 수 있는 구조 속에서, 불순함과 슬픔, 그리고 일종의 악함에 놓이도록 운명지어진 듯 보인다.

4

그렇다면 모든 것이 끝내 절망으로 수렴되는 것일까? 자신을 사유하고, 타인과의 관계를 사유하는 다른 길은 없단 말인가? 내 생각에 부르디외가 자신의 작업 전반에서 자율성이라는 개념을 끈질기게 불러오는 까닭은, 바로 이를 통해 삶에 대한 다른 구상을 탐색하기 위해서다. 자율성은 우연성과 자의성, 그리고 부조리에서 벗어나는 또 하나의 방식이다. 그러나 그것은 칭호나 기능, 각종 상징물과 사회적 정체성 속에서 존재의 정당화를 구하는 일이 아니다. 우리의 정체성과 유용성을 보증해달라며 제도들, 특히 국가에 기대어 사는 일도 아니다. 자율적이라는 것은 소외를 삭동시키는 인정의 변증법에서 빠져나오는 것, 제도와 공식적 공인이 정신 위에 행사하는 지배로부터 스스로를 탈출시키는 것이다. 그것은 공허한 허구들에 더 이상 기대지 않겠다는 결단으로써 무의미함에서 벗어나려는 시도이자, 동시에 자기 자신에게 고유한 토대와 논리, 인식의 기준을 부여하는 일이다.

부르디외의 저작에서 자율성이라는 개념이 차지하는 중심적 위치는, 그것이 존재에 부여된 비극적 관점에 맞서는 하나의 대안으로 기능한다는 점에서 비로소 이해될 수 있다. 자율성은 인간 조건에 대한 긍정적이며 능동적인 응답의 양식을 이룬다. 그리고 바로 그때 사랑과 우정이 들어설 자리를 얻는다. 이 실천들이 곧 자율적인 관계성을 발명하는 일이기 때문이다.

부르디외는 『남성 지배』「지배와 사랑에 관한 추신」에서, 우정과 사랑이 서로에게 존재할 정당성을 부여하고 이를 교환하는 미시사회로 기능할 수 있다고 말한다. 관계를 창조한다는 행위에는, 제도와 규범이 미리 부여한 질서에 전적으로 순응하지 않겠다는 아나키즘적 성격이 깃든다. 따라서 이러한 경험들은, 남성과 여성이 모든 형태의 제도적 복종에서 벗어나고, 동시에 인간 조건의 비참함으로부터도 벗어나려는 시도로 해석될 수 있다. 사랑과 우정의 관계를 통해 생성되는 수많은 소규모 공동체는 "우연하고 심지어 가장 부정적인 특수성까지 포함해 만남이라는 자의적 사건을 자의적으로 절대화하는 어떤 형식 안에서, 그들 자신이 존재할 만한 정당성을 지니고 있으며 받아들여지고 있다는 감각을 느끼는"¶ 특권적인 장소를 이룬다. 이처럼

¶　　Pierre Bourdieu, *La Domination masculine*, Paris, Seuil, 1998, p. 117[피에르 부르디외, 『남성 지배』, 김용숙 옮김, 동문선, 2000].

사랑의 삶과 우정의 삶은, 적어도 그 순수한 형태에 있어서는 상징권력을 둘러싼 투쟁을 잠정적으로 중단하는 데 기초한다.* 부르디외는 사랑을 존재할 정당성의 교환으로 해석하며, 그 결과 커플은 강력한 상징적 자급자족성을 지닌 하나의 작은 도시를 이룬다. 그리고 바로 그렇기에 커플은, 사람들이 통상 제도와 '사회'의 의례들, 곧 신의 세속적 대체물에게서 얻고자 하는 온갖 공인과도 "승리를 보장하며 경쟁할 수"† 있는 능력을 갖추게 된다.

관계 창조의 실존적 의미는, 자기 삶의 근거를 스스로 마련함으로써 우연성·자의성에 휘둘리지 않는 자율적 삶의 형식을 모색하는 데 있다. 제도적 공인을 둘러싼 투쟁에 가담하지도, 그 투쟁이 불러오는 지배의 유혹에 빠지지도 않으면서 인간 조건의 비참함과 우연성, 자의성으로부터 벗어나려면, 무엇보다 자기 삶을 정당화할 수단을 스스로 발견해야 한다. 다시 말해, 자신의 기준을 발전시키고, 자기만의 세계를 발명하는 일이 요구된다. 이 때문에 관계의 발명은 자율적 예술가, 자율적 지식인, 자율적 작가의 노력을 지탱할 수 있는 가장 유력한 장소가 된다. 그들은 외적인 제

---

*   op cit., p. 117.

†   op cit., p. 119.

도와 규칙은 물론 내면화된 규칙에 대해서도 반항적이고
완강한 존재로서, 그 모든 것으로부터의 급진적 독립성을
주장한다. 그리고 마침내 자기 자신을 자기 삶의 기준으로
세우는 지점에 이른다.

우정은 인정을 넘어선 삶이라는 관념을 그 자체 안에
품고 있다. 우정은 자기 자신을 향한 하나의 실천의 이름이
며, 긍정의 정치, 행위와 능동성을 중시하는 니체적 도덕의
형식을 취한다. 이때의 도덕은 인정에 대한 집착과 타인의
판단을 최후의 심판으로 삼아 스스로를 재단하는 태도가
필연적으로 낳는 적대감과 반동성에 맞선다. 그리고 바로
그 판단, 곧 타인의 판단으로 이루어진 최후의 심판으로부
터 나는 디디에와 에두아르와 함께, 우리의 관계와 그 관계
가 산출하는 것들을 통해, 매 순간 벗어나고자 애쓰고 있다.

1. '3'

조프루아 드 라갸느리의 저작에는 서로 이질적인 두 요소가 접합되어 있다. 만일 성실한 독자에게 이 책의 장르와 주제를 묻는다면, 그는 아마 이렇게 답할 것이다. 사회이론적 에세이를 골격으로 하면서 반제도적 실천을 촉구하는 매뉴얼의 어조를 결합하고, 저자와 디디에, 에두아르의 삼자 관계를 바탕으로 관계의 궤적을 따라 전개되는 전기적 개인 서사를 함께 엮은 의도적 장르 혼종. 또한 우정을 감정이 아니라 삶의 형식으로 규정하며, 그 관계적 배치가 개인의 시간과 리듬, 글쓰기와 사유를 어떻게 조직하는지 탐구하는 책, 동시에 가족을 필수 관계로 자연화하는 국가가 정책과 제도적 분배를 통해 관계의 위계를 생산하고 그 과정에서 우정을 주변화하는 방식을 비판하는 책이라고.

그러나 이와 같은 모범 답안을 따라가다 보면, 이 책은 결국 아주 흔한 사회이론서 혹은 인문 에세이의 한 종으로 환원되기 쉽다. 바로 여기에 이 책의 함정이 있다. 이 책의 동력은 사회학자의 관찰보다 성소수자로서의 체험과 그에 수반하는 긴박성에서 비롯된다. 그러므로 독자를 가르는 기준은 지적 이해력의 수준이 아니라, 책의 시점이 요구하는 리듬을 끝까지 따라갈 수 있는가에 더 가깝다. 물론 라갸느리도 3장에서 이 책의 출간 동기를 '반란'과 '저항'으로 명시하고 있기는 하다.

2020년 3월 이후 코로나19가 확산되고, 그에 따라 전 세계적으로 봉쇄 정책이 시행되면서, 그 잔혹한 실체는 적나라하게 드러났다. 이 책을 쓰고자 하는 욕망이 바로 그 시기에 형성된 것 역시 결코 우연이 아닐 것이다. 이 책은 본질적으로 통치자들의 사유 속에 각인된 가족주의에 대한 반란이며, 그 가족주의를 무비판적으로 내면화해온 사회 전체에 대한 저항이다.

저자가 말하는 가족주의에 대한 반란은 관념적 선언에 머무르지 않고, 삶의 조건을 규정하는 폭력의 구조를 정면으로 겨누는 언어로 제시된다. 차별과 배제는 과거의 사건이 아니라 지금도 작동하는 체제다. 그리고 그것이 어떤 이들에게 생존의 문제로 지속되는 한, 관계의 합법성은 가장 현실적인 정치 쟁점으로 부상한다. 마침 이 책의 주인공 세 사람 가운데 두 사람의 작품이 한국어로 번역 출간되어 있다. 그들의 글은 고통을 미화하거나 그것을 관리 가능한 사연으로 치환하지 않는다. 그들의 글쓰기는 상처를 덮는 위로가 아니라, 상처가 생성되는 장치들을 드러내는 발화다.

배를 맞을 때마다 숨이 턱턱 끊기고 호흡이 막혀왔다. (…)
몸이 부들부들 떨렸고, 더 이상 내 몸이 아니고 더 이상 내
의지대로 움직이지 않는 것 같았다. 정신으로부터 벗어난,
정신이 놓아버린, 정신을 따르기를 거부하는 늙어가는 몸
뚱어리처럼. 짐 덩어리가 된 몸뚱어리.[†]

이 끝없이 되풀이되는 모욕이 나를 향할 때마다 나는 칼
에 찔린 듯 공포에 떨었다. 그것은 내가 어떤 사람인지 스
스로 감추려 했음에도, 사람들이 이미 눈치챘거나 그렇다
고 의심을 하고 있다는 뜻이며, 항상적인 고발과 그것이
선고하는 저주에 영원히 굴복해야 하는 운명을 부여받았
다는 뜻이기 때문이다.[§]

두 인용문에서 고통은 단발의 사건이 아니라 지속되는
상태로 묘사된다. 에두아르의 문장은 통증을 단순한 묘사
가 아니라 감각의 사태로 구체화한다. 몸은 떨리고 무거워

[†]　에두아르 루이, 『에디의 끝』, 정혜용 옮김, 열린책들, 2019, 19쪽.

[§]　디디에 에리봉, 『랭스로 되돌아가다』, 이상길 옮김, 문학과지성사,
2021, 229쪽.

지며, 더 이상 자신의 의지로 움직이지 않는 타자처럼 느껴진다. 고통은 단순한 아픔이 아니라 주체가 자기 몸을 소유하지 못하는 붕괴로 나타난다. 디디에의 고통은 모욕이 반복될 때마다 칼에 찔린 듯 솟는 급성 공포로 제시된다. 당사자는 공중의 시선 앞에 전시된 채 심문받는 느낌을 경험한다. 이 시선은 관찰이 아니라 폭로와 처벌의 장치로 작동하며, 또한 모욕은 개인 몇 명의 문제가 아니라 문화 전체가 포위하는 폭력으로 확장된다. 요컨대 고통은 몸의 붕괴와 사회적 노출이 결합된 생존의 위기 상태로 그려진다.

그러므로 많은 사람이 숨 쉬듯 자연스레 받아들이는 사회 질서가, 어떤 이들에게는 소름 돋는 폭력으로 체감된다는 사실을 정면으로 마주하는 순간에야 비로소 우리는 이 책을 읽을 자격을 얻는지도 모른다. 라갸느리가 코로나19 봉쇄 정책(2020~2021년)을 이 책의 시발섬으로 삼는 까닭은, 바로 그 시기에 이성애 규범과 젠더 이분법, 정상가족의 시간표가 사회의 표준값으로 얼마나 선명하게 작동하는지가 한층 더 노골적인 형태로 가시화되었기 때문이다. 봉쇄는 감염을 막는다는 명목 아래 어떤 관계를 '보호해야 할 삶'으로 격상시키는 동시에, 어떤 관계를 '삭제해도 되는 접촉'으로 격하시킨다. 디디에와 에두아르, 그리고 저자는 바로 그 격하의 칼날을 매일 목구멍으로 삼킨다. 그들에게 우정과 공동의 삶은 단지 위로가 아니라 생존의 골조였으나,

국가는 그 골조를 사치로 오인하며 잘라낸다. 봉쇄는 바이러스만 차단한 것이 아니다. 그것은 비가족적 삶의 형식을 손쉽게 비합법화하는 국가의 능력을 과시하는 장치였고, 세 사람은 그 능력 앞에서 존엄이 얼마나 간단히 행정 문서로 찢겨나가는지를 온몸으로 겪었다.

하지만 이들은 여느 성소수자가 아니다. 차별을 '겪는' 당사자에 머물지 않고 그 차별이 작동하는 장치들을 문장으로 드러내 공론장에 투입하는 '저자'다. 이때 저자란 고백을 토해내는 주체가 아니다. 저자는 무엇이 정상으로 승인되고 무엇이 삭제 가능한 것으로 격하되는지를 개념화하고 서사화함으로써, 타인의 지각과 언어를 다시 배열하는 생산자다. 따라서 이들이 겪는 배제는 개인에 대한 혐오에만 머물지 않는다. 그것은 그들이 생산하는 말과 형식이 어떤 삶을 가능하고 정당한 것으로 보이게 만들 것인지를 둘러싼 싸움, 곧 인정의 기준과 현실의 경계를 재편하려는 시도이자 저항으로 나타난다. 더 나아가 이들은 지적 장 안에서 이미 가시성을 획득한 저자들이므로, 그들의 우정은 사적 위안에 머물지 않고 하나의 문화적 장치로 제시된다. 그들의 우정은 곧 생산이며 생산은 곧 정치가 된다.

세 사람의 연령 배열(디디에-라갸느리-에두아르 순, 1953년-1981년-1992년생)은 이들의 유대가 세대의 경계와 생애 주기 규범을 재배치하는 사회적 장치임을 먼저 드러낸다. 이 유대는 동일 세대의 동질성에 기대지 않고 서로 다른 경험의 퇴적층이 만나는 자리에서 관계를 새로 발명함으로써 통상적 우정과 구별된다. 여기서 우정은 연령이 부여하는 역할 기대를 비껴가며 삶의 리듬 가치 시간표를 다시 짜는 관계의 창조로 기능한다. 따라서 그것은 가족주의적 국가가 전제하는 정상성을 우회하거나 거부하는 하나의 실천이 된다. 이때 핵심 매개는 전승이다. 다만 이때의 전승이란 대학과 문단이 공인하는 계보가 아니다. 그것은 연대의 그물망으로 엮인 비공식적 관계망 속에서, 삶의 양식과 작가적 주체성이 세대 간에 이어지는 방식으로 정의된다. 디디에는 제도 바깥에서 유대의 관계망을 통해 자신의 작업을 전개해왔고 사르트르와 보부아르의 삶의 양식과 저자 관념을 거울로 삼아 자신을 작가로 조직했으며 푸코와 부르디외와의 유대는 자기 조직의 준거이자 정당화의 사원이 되었다. 에두아르와 라갸느리는 디디에를 닮고자 하는 동일시의 열망에 힘입어 작가가 되었고 그 열망은 디디에가 닮고자 했던 선행자들을 자신들 또한 닮아가려는 지향으로 연장되면서 실제로 만나지 못한 작가들까지 하나의 연쇄로 접속시키는 승계의 회로를 형성한다. 그리고 이 승계는 세대 간 연쇄로서의 계승과 일상 속에서 지식과 감각이 서로에게 스며들어 옮겨 심어지는 상호 이식의 과정이라는 두 층위가 포개져 작동하는 구조로 정식화된다.

2. '바깥'

2의 세계가 있다. 그 세계에서 친밀성은 둘로 묶인 단위로 인정받고, 정념은 관계의 규범이 되며, 도덕은 정상성과 비정상성을 가르는 잣대로 작동하고, 국가는 그 잣대를 제도와 분배로 고정한다. 그리하여 보호받는 관계와 삭제 가능한 접촉이 구분되고, 시간표와 공간과 이동의 우선권은 커플과 가족을 중심으로 배치되며, 관계망은 둘의 내부로 수렴하면서 희소화된다.

3의 세계가 있다. 그 세계에서 '바깥'은 사회 밖으로 달아나는 장소가 아니라 사회 안에서 제도적 궤도와 관계 위계로부터 거리를 생산하는 실천의 방향으로 나타나며, 이단성은 고립이 아니라 접속의 증식으로 증명된다. 이때 관계는 끊어내는 것이 아니라 늘려가는 것이고, 경계는 단단해지는 것이 아니라 느슨해지며, 틈은 축소가 아니라 확장으로 유지된다. 그래서 가용성의 윤리는 미덕이 아니라 기술이 되어, 타자에게 열려 있기 위해 시간을 비워두고 필요하면 일상의 흐름을 멈추는 결단으로 반복되며, 만남은 사적 내부에 봉인되지 않고 카페 같은 공적 장소를 거점으로 삼아 지속의 형태를 얻는다. 결국 3이란 2의 폐쇄가 강제하는 세계 안에서 다른 사회성을 만들어내는 바깥의 구성, 곧 관계의 배치로 출구를 설계하는 일로 요약된다.

이처럼 바깥의 개념은 라갸느리에 의해 전용된다. 바

같은 현대 인문학의 핵심 개념들 중 하나다. 이 용어는 하이데거와 모리스 블랑쇼, 푸코에 의해 개념화된다. 하이데거에게 존재는 어떤 존재자도 아닌, 존재자들이 드러날 수 있게 하는 미지수 x로 작동하며 따라서 대상처럼 붙잡히지 않는다. 존재는 언제나 드러남과 은폐의 운동 속에서만 접근되며 현전은 곧 철회와 맞물린다. 이때 바깥은 공간적 외부가 아니라, 존재를 사물로 고정하려는 표상과 주체적 소유의 욕망이 미끄러지는 자리로 이해할 수 있다. 블랑쇼는 바로 그 미끄러짐을 언어의 차원에서 극단화하며 그것을 바깥이라 칭한다. 그의 바깥은 외부 장소가 아니라 내부를 내부로 유지하던 경계 자체를 잠식하는 외부성의 작동이다. 글쓰기는 어떤 '나'가 의미를 표현하는 행위가 아니라, 말이 비인칭적으로 발생하며 주체를 비워내는 사건이다. 따라서 바깥은 의미를 생산하는 주체의 중심을 해제하고, 중성의 기류처럼 말해짐을 지속시키는 힘으로 나타난다. 언어는 재현의 도구가 아니라, 재현을 성립시키던 조건을 불안정하게 만드는 외부의 압력으로 바뀐다. 푸코는 블랑쇼를 호출해 '사유의 바깥'이라는 표현으로 주체 중심 철학의 토대를 비껴간다. 푸코에게 바깥은 무의식 같은 깊은 내면이 아니라, 말들이 배치되고 분포하는 규칙의 장으로 전환된다. 그는 '나는 말한다'가 아니라 '말해진다'라는 방향에서 담론의 자율적 작동을 문제 삼는다. 따라서 바깥은 개인의 경험

밖이 아니라, 개인을 가능케 하는 담론의 형성 조건이다. 블랑쇼가 바깥을 글쓰기의 급진적 경험으로 붙든다면 푸코는 그것을 분석의 원리로 번역한다. 이 번역을 통해 주체는 기원이 아니라 효과가 되고, 의미는 의도보다 배치의 산물로 읽히기 시작한다. 결국 세 사상가를 잇는 바깥은 '어딘가의 외부'가 아니라, 대상화와 소유의 논리가 닿지 못하는 작동의 차원이다. 그 차원에서 존재는 철회로서, 언어는 비인칭적 중성으로서, 담론은 주체 없는 규칙으로서 모습을 드러낸다.

라갸느리의 바깥은 이러한 형이상학적 외부가 아니라, 제도화된 삶의 궤도에 균열을 내기 위해 관계가 수행하는 실천적 방향성으로 규정된다. 따라서 바깥은 은둔이나 고립을 확보하기 위한 퇴거가 아니라, 몇 개의 제도적 관계로 삶이 축소되는 빈곤화에 맞서 관계를 증식시키고 경계를 느슨하게 하며 생활의 틈을 넓히는 접속의 확장으로 이해된다. 이 바깥은 한 번의 결단이나 극적인 사건으로 성립되지 않으며, 상시적 메시지와 '좋은 아침' '잘 자' 같은 인사의 규범화, 부재의 순간에도 사진과 짧은 교신으로 시간을 공유하는 관행이 누적되면서 매 순간을 의미화하는 연속성의 틀로 유지된다. 또한 코디네이션을 반복하는 대목에서 우정은 위안의 친교가 아니라 지적 생산과 창작을 조직하는 장치로 재규정된다. 이때 바깥은 내면적 탈주가 아니라 읽기와 쓰기, 교환과 피드백이라는 절차가 누적되며 형성되는 실천적 거점으로 드러나고, 대항문화는 그 절차가 제도적 삶의 표준 시간표와 어긋나면서도 멈추지 않도록 만드는 관계적 기술의 이름이 된다.

바깥은 공간의 발명으로도 구체화된다. 그 발명은 무엇보다 거점화의 형식으로 나타난다. 세 사람에게 카페는 만남의 태도를 공적으로 가시화하는 장치이자, 관계가 지속될 수 있음을 물질적으로 증명하는 좌표다. 반복적으로 점유되는 카페는 관계를 사적 내부에 봉인하지 않고 사회 내부의 특정 장소를 관계의 호흡이 가능한 자리로 전환하며, 여행의 기억이 명소가 아니라 도시마다 즐겨 찾는 카페 한 곳으로 응축된다는 서술은 바깥이 사회 밖으로의 도피가 아니라 사회 안에서 접속의 장소성을 발명하고 축적하는 행위임을 분명히 한다. 바깥은 곧 반복 가능한 만남의 좌표들이며, 관계가 스스로를 지탱하기 위해 확보해두는 공적 거점의 체계라고 말할 수 있다.

여기에 성소수자라는 조건을 함께 놓으면, 실천으로서의 바깥은 단순한 생활 양식의 실험을 넘어 생존의 기술로 선명해진다. 제도는 친밀성을 중립적으로 다루지 않고, 어떤 것은 격하시키거나 삭제하기도 한다. 이런 조건에서 우정의 연속성과 가용성은 취향에 따른 선택이 아니라 자체 인프라로 전화되고, 관계가 스스로를 유지하기 위해 마련하는 지속의 장치가 된다. 따라서 바깥은 사회 밖으로의 이탈이 아니라, 합법성의 형태로 배분되는 친밀성의 위계를 거슬러 관계를 살아 있게 만드는 기술로 규정되어야 한다.

3. '우정'

이 책이 기존의 우정 담론과 구별되는 지점은, 우정을 덕목의 윤리나 친교의 미학으로 환원하지 않고, 가족주의적 국가와 관계의 정치경제에 맞서는 하나의 삶의 형식으로 재정의한다는 데 있다. 더 나아가 저자는 전기적 서사와 매뉴얼의 형식을 결합함으로써, 우정을 실제로 조직하고 지속시키는 기술과 리듬까지 구체적으로 제시한다.

저자가 기존 우정론을 불충분하다고 보는 것은, 그것이 고전적 규범과 사회학적 통찰을 호출한 뒤 재배치해왔기 때문이다. 저자는 우정을 순수한 무이익성으로만 정의하는 키케로의 관점을 따르는 순간 우정의 창조적 힘은 설명 불가능해진다고 반박하며, 이해관계를 계산과 거래가 아니라 관계가 산출하는 기능과 효과, 그리고 그 효과가 삶을 얼마나 증대시키는가를 가리키는 척도로 재정의한다. 이때 우정의 동력은 관계 내부에 갇힌 감정이 아니라, 관계가 낳는 정치적·정동적·창조적 쟁점과 그 산출물에 놓인다. 친구들은 접촉을 통해 서로를 증대시키고, 다른 곳에서는 얻기 어려운 무엇인가를 획득한다. 더 나아가 사랑받음의 핵심 역시 타자 그 자체라기보다 정동적 실천과 그것이 가져오는 결과, 그리고 관계가 지니는 사회적·정치적 기능에 있다는 진술을 통해, 우정을 도덕의 언어가 아니라 기능과 산출의 관점에서 분석 가능한 관계 형식으로 재배치한다.

사회학자 라갸느리에게 부르디외는 단순한 참고문헌이 아니라, 자신의 문제의식을 조직해준 결정적인 준거에 가깝다. 이 책은 부르디외를 우정을 설명하기 위한 장식으로 호출하지 않고, 우정이 어떻게 제도화된 삶의 규칙을 비껴가며 작가적 주체성과 실천을 실제로 떠받치는지를 해명하는 분석 틀로 적극 전유한다. 그 적용의 초점은 크게 세 갈래로 수렴한다. 첫째, 우정의 실천이 새로운 하비투스를 형성하여 규범화된 사회성을 낯설게 만든다는 점, 둘째, 우정이 장의 노모스와 인정 기준으로부터의 거리 두기를 가능하게 하는 바깥을 생산한다는 점, 셋째, 국가와 제도가 배분하는 공인 체계에 맞서 우정이 인정 너머의 윤리를 구성한다는 점이 그것이다.

이러한 관점에서 라갸느리의 이 책은 우정을 하나의 삶의 형식으로 조직하기 위한 장르적 혼종의 설계로 이해될 수 있다. 사회이론적 분석과 관계의 궤적을 따라 구성된 전기적 서사, 그리고 실천을 촉구하는 매뉴얼의 어조가 결합하는 것은, 우정을 단지 해석의 대상이 아니라 지속 가능

한 삶의 장치로 만들기 위해서다. 그 설계가 낳는 바깥 또한
사회를 떠나는 탈출이 아니라, 사회 안에서 다른 사회성을
생산하는 거리 두기와 거점화의 기술로 나타난다. 그러므
로 이 책의 정치성은 고성의 격문에서 완성되는 것이 아니
라, 절제된 문장으로 관계의 합법성을 되묻고, 우정의 리듬
을 독자의 시간 속으로 이식하는 방식에서 성립한다.

—

역자는 작년에 출판된 랑시에르의 『체호프에 관하여』의
후기에서 AI 시대 번역의 의미에 관해 이미 입장을 표명
한 바 있다. 그사이 한국 정부도 인공지능기본법을 공포했
으며, 이 법은 2026년 1월 22일부터 시행 중이다. 이로써
순수한 인간 번역의 시대는 종언을 고한 듯하다. 번역가는
원래 의심을 통해 일한다. 다만 그 의심은 전통적으로 원
문을 향해 있었다. 단어의 시대감, 문장의 화행, 문체가 만
들어내는 거리와 압력을 끝까지 따져 묻는 의심이었다. 그
런데 이제 의심은 번역가 자신에게로 돌아온다. 번역가의
손이 아니라 번역가의 존재와 숙련 자체가 검증의 대상이
되는 것이다.

19세기 기계자동화는 장인의 숙련을 공정 단위로 분해해
기계 또는 미숙련 노동으로 대체했고, 노동자는 전체를 만

드는 주체에서 부분 동작을 반복하는 수행자로 밀려났다. 그 결과 노동의 리듬은 개인이 아니라 기계가 결정했으며, 노동자는 자기효능감과 작업의 의미를 함께 상실했다. 21세기 AI 역시 지식노동의 핵심을 표현과 산출물의 층위에서 우선 평준화함으로써, 글쓰기, 기획, 분석, 번역 같은 능력을 마치 버튼 한 번으로 즉시 얻을 수 있는 것처럼 보이게 만든다. 그 결과 성과에 대한 소유감은 약화되고, 오랫동안 축적한 숙련은 평가절하되며, 앞으로 무엇을 더 학습해야 하는지에 대한 방향 감각도 흐려진다. 인지적 무력감의 시대로 접어든 것이다. 그리고 보들레르가 말했던 '스플린spleen', 곧 권태와 혐오와 질식이 일상의 정서로 자리 잡을 듯하다.

셋. 바깥을 향한 열망: 우정 예찬

초판인쇄 2026년   4월 22일
초판발행 2026년   4월 30일

지은이 조프루아 드 라갸느리
옮긴이 유재홍
펴낸이 강성민 이은혜
편집 양나래 심예진
관리 편집보조 김유나 김지우
마케팅 정민호 한민아 이민경 한경화 박진희 황승현 김경언 양지연
브랜딩 함유지 이송이 박민재 김하연 신은서 이준희

펴낸곳 (주)글항아리 | 출판등록 2009년 1월 19일 제406-2009-000002호

주소 경기도 파주시 문발로 214-12, 4층
전자우편 bookpot@hanmail.net
전화번호 031-955-2690(마케팅) 031-941-5161(편집부)
팩스 031-941-5163

ISBN 979-11-6909-550-1 03300

잘못된 책은 구입하신 서점에서 교환해드립니다.
기타 교환 문의 031-955-2661, 3580

www.geulhangari.com